平成の大合併の経済評価
―合併の背景、動機、長期的影響―

宮崎 毅

三菱経済研究所

はしがき

　平成の大合併がピークを迎えてから，10年以上が経過した．合併による地方交付税の特別措置である合併算定替の期限は合併後10年であり，合併が行財政や地域経済に及ぼした影響を評価・検討するには良い時期であると考えられる．本書では，市町村がどのような動機で合併を選択したのか，合併は財政運営や地域にどのような影響を及ぼしたのかについて経済学の視点から分析を試みる．

　第I部で，昭和の大合併以降を振り返りながら，当時の地方財政の状況が合併にどのような影響を及ぼしたのか，合併から10年以上を経過して市町村の様相はどのように変わったのかについて概観する．

　第II部では，1999年の旧合併特例法改正以後，どのような自治体が合併に取り組んでいったのかを合併に関する理論分析と実証分析で明らかにしていく．地方政府の統合と分離に関する経済理論モデルでどのような地方政府が合併するのかを示したうえで，平成の大合併を対象にして，実際に経済理論で示唆されるような合併のパターンが見られるのかを実証分析で明らかにする．

　第III部では，合併が市町村の行財政運営に及ぼす影響について，歳出と行政サービスの点から分析する．合併には規模の経済による歳出削減効果が期待されているが，実際に合併によって歳出が削減されたのか，また合併によって行政サービスの質が低下していないのかなど，合併と行財政運営の関係を明らかにしたい．

　第IV部では，合併が地域経済に及ぼす影響について，人口・人口構成の視点から検討する．合併によって，行政サービス水準が変化したり，行政との物理的心理的距離が遠くなることで人口移動が生ずる可能性が指摘されている．合併が地域における人口移動や人口構成，産業構造に影響を及ぼしたのかについて，実際のデータを用いて分析する．

　本書では，市町村合併に関する機会主義的な言動や噂などとは関係なく，

i

経済学に基づく理論や実証分析手法，及び客観的な数量データに基づいて分析を行ったつもりである．市町村合併の評価については，国，地方自治体，住民，学者など立場によって意見の対立が激しく，各自の経験，印象，メディアでの報道などに影響を受けた意見・提言が広く散見される．学者の間でも，地方自治に対するイデオロギーの相違，少数の市町村を対象としたケーススタディと大規模市町村データを用いた実証分析など，考え方や分析のアプローチの違いによって，市町村合併に対する見方や評価が異なることが良くある．本書では，ミクロ経済学や財政学の経済理論モデルに基づいた理論研究と，全国市町村を対象とした数量データを用いた統計的に厳密な計量経済学的手法を用いた実証分析に基づいて，客観的に市町村合併の影響，合併市町村の特徴などを明らかにしている点で，多くのアドホックな合併議論とは一線を画すと考えている．この点が，本書の主要な貢献である．様々な側面から平成の大合併を評価，検証することは，今後起こりうるさらなる合併への教訓として重要であるが，ともすると合併への評価は各自の立場や経験に基づいた偏ったものとなりかねない．客観的なデータや理論的な裏付けに基づいた，「正当な」市町村合併の評価，議論が行われることを強く望みたい．

　最後に，本書と関連する研究では，これまで多くの方々からご指導，ご支援を受けてきた．ここに記して感謝したい．赤井伸郎，伊藤敏安，井堀利宏，北村行伸，小西砂千夫，佐藤主光，竹本亨，田近栄治，田中宏樹，土居丈朗，中澤克佳，西川雅史，林正義，広田啓朗，宮下量久，山下耕治，湯之上英雄の諸先生方．

　本書の執筆に当たっては，三菱経済研究所の吉峯寛氏，滝村竜介氏，杉浦純一氏に大変お世話になった．心から感謝したい．また，執筆作業に当たって補助してくれた大学院生の伊藤泰規氏にも感謝したい．

　最後に，私事であるが，この間の研究を支えてくれた家族や友人に対して，ここより感謝申し上げたい．

2019 年 7 月

宮崎　毅

目次 ─────────────────────────────────

はしがき   i

第 I 部　合併の背景と現状   1
　1 章　合併と地方財政   1
　　1.1　市町村合併にかかる制度変更   1
　　1.2　1999 年の旧合併特例法   4
　　1.3　市町村合併と地方財政改革   8
　　1.4　合併のメリットとデメリット   11
　　1.5　まとめ   16

　2 章　市町村合併の財政状況，社会人口動態と公共サービスへの影響   17
　　2.1　地方財政の推移：歳入   17
　　2.2　地方財政の推移：歳出   24
　　2.3　合併と社会人口動態   33
　　2.4　合併と公共サービス供給   41

第 II 部　どのような市町村が合併しているのか   51
　3 章　合併の経済理論   51
　　3.1　はじめに   51
　　3.2　モデル   52
　　3.3　公共財供給と投票行動   53
　　3.4　政府間財政移転と合併   55
　　3.5　結論   56

　4 章　合併のインセンティブに関する実証分析   57
　　4.1　はじめに   57
　　4.2　実証モデル   59

4.3	データ	61
4.4	分析結果	65
4.5	結論	66

第Ⅲ部 合併が市町村の行財政運営に及ぼす影響 67

5章 合併の歳出削減効果：歳出と歳出項目について 67

5.1	はじめに	67
5.2	モデル	68
5.3	データ	70
5.4	推計結果	72
5.5	結論	75

6章 合併と行政サービスの質 75

6.1	はじめに	75
6.2	分析手法	76
6.3	データ	77
6.4	推計結果	79
6.5	結論	82

第Ⅳ部 合併と地域経済 83

7章 合併が人口移動に与える影響の実証分析 83

7.1	はじめに	83
7.2	分析手法とデータ	84
7.3	データ	85
7.4	推計結果	86
7.5	結論	89

参考文献　　　　　　　　　　　　　　　　　　　　　91

第 I 部

合併の背景と現状

1 章　合併と地方財政

1.1　市町村合併にかかる制度変更

　1999 年の旧合併特例法施行以降，合併に対する手厚い財政支援を背景として，2000 年代前半には全国で市町村合併が実施されてきた．その結果，2010 年には市町村数が約 3,200 から 1,700 にまで減少し，構成市町村は大きく変貌した．本章では最初に，市町村合併と関連する主に国による制度変更を概観する．

　表 1-1 は，合併に関する制度変更の内容をまとめたものである．1953 年から実施された昭和の大合併により約 1 万あった市町村が，1961 年に 3 分の 1 の約 3,500 程度にまで減少した．その後，表 1-1 にあるように，1965 年には次の合併に関する合併特例法が制定された．しかし，この合併特例法は市町村合併を推進するものではなく，あくまで合併の障害を取り除くための特別な措置であった．1995 年には第 24 次地方制度調査会の「市町村の自主的な合併の推進に関する方針」を受けて，合併特例法が改正された．1995 年の改正では，特例措置が大幅に拡充され，合併を推進するという立場に国の考え方が変わっていった．このとき，住民発議制度，議員定数在任特例措置の期間延長，普通交付税の合併算定外の期間延長（合併後 5 年間まで）など，1999 年の合併特例法改正につながる特例措置が整備された．

　1999 年には，7 度目の合併特例法の改正（以後，旧合併特例法）が実施された．当時，財政状況の悪化等により市町村合併の推進が求められていたが，1999 年の旧合併特例法により，特例措置が拡充され，同法は合併を推進するための法律へと位置付けが変化した．交付税等に関する手厚い財政措置

第1部　合併の背景と現状

表1-1　市町村合併に関する制度変更

年	制度名と内容
1965年	市町村合併の特例に関する法律（合併特例法）
1995年	合併特例法の改正 ・住民発議制度，議員定数・在任特例措置の期間延長 ・普通交付税の合併算定替の期間延長（合併後5年間）
1999年	旧合併特例法施行（7度目の合併特例法の改正） ・期限は2006年3月（2005年3月までに議会の議決を得た場合） （表1-2を参照）
2000年	過疎地域自立促進特別措置法（過疎法）上の合併特例 ・合併移行経費に対する財政措置 　「行政改革大綱」の閣議決定 ・基礎的自治体の強化の視点で，市町村合併後の自治体数を1000を目標 　とする
2001年	市町村合併支援本部の設置 ・市町村合併支援プラン
2002年	市町村合併支援プランの改定 ・都道府県が行う合併支援事業に対する財政措置（拡充） ・合併前に市町村が行う建設事業に対する財政措置（追加） ・合併に伴う都道府県道認定要件の緩和
2003年	市町村合併の更なる推進のための「片山プラン」 ・市となるべき要件の特例の延長，現行の市町村合併特例法の経過措置 ・市町村合併推進のための新たな法律の制定
2005年	新合併特例法 ・期限は2010年3月 ・合併算定替を段階的に5年へ短縮，段階的削減期間は同じ ・合併特例債の廃止，合併推進債は交付税措置を縮小 ・地方税の不均一課税，議員の在任特例，合併補正は存続 ・3万市特例の1年延長 ・合併特例区および地域自治区制度の創設
2010年	現行合併特例法 ・期限は2020年3月 ・合併算定替，地方税の不均一課税，議員の在任特例，合併特例区は存続 ・3万市特例，国・都道府県による積極的な関与の廃止
2011年	東日本大震災 ・合併特例債の期限延長

注）宮崎（2006）の表に加筆・修正して作成．

や，議員等の在職に関する考慮，また市町村要件の緩和など，様々な合併に対する「アメ」政策によって，この法律施行以降，市町村合併が強力に推進されることとなった．

ここで，当時市町村合併が推進されることとなった背景について簡単に述べたい．以下の4つが挙げられている．まず第1に，地方分権の推進である．当時2000年に地方分権一括法が推進施行されることが決まっていたこともあり，地方でできることは地方で，住民に身近な市町村において規模能力の充実が大切であると謳われてきた．第2に，少子高齢化の進展である．例えば2030年には2005年に比べて10%程人口が減少するなど，2004年をピークとして人口減少に突入することが予想されており，長期的に少子高齢化が進んでいくと考えられていた．そのため，少子高齢化に対応したサービス提供や，専門スタッフが必要であると考えられた．第3に，広域的な行政事業の増大である．モータリゼーションの進展等により，日常生活圏（通勤，通学，買い物等）の拡大に応じ，市町村域も拡大する必要があると考えられていた．第4に，行政改革の推進である．バブル崩壊後の景気悪化により，国・地方共に極めて厳しい財政状況にあり，行政改革により効率的かつ簡素な行財政運営が必要と考えられていた．

　こうした背景から，合併により市町村規模を拡大し，行財政運営の効率化を図ることが望まれた．具体的には，2000年には与党行財政改革推進協議会において，基礎的実態の強化の視点で市町村合併後の自治体数を1,000とする目標が示されていた．他にも，1999年に国は都道府県に対し，「市町村合併の推進のための指針」を示して，県内市町村の「合併パターン」の作成を求めた．以後，各都道府県はこの合併パターンを基にして，市町村に対して合併推進を働き掛けていった．

　また，2001年には市町村合併支援本部を立ち上げ，国の関係省庁が一体となって市町村合併を支援するという体勢を構築したほか，2002年には市町村合併プランの改訂により，都道府県が行う合併支援事業に対する財政措置など，様々な合併支援のための計画が実施された．このように，社会経済情勢を背景として市町村合併の推進が必要とされていたほか，国及び都道府県も強く合併を推進するための体勢を整えて，市町村に合併を実施するように働きかけていった．

第Ⅰ部　合併の背景と現状

1.2　1999年の旧合併特例法

　次に，旧合併特例法の内容について述べていく（表1-2を参照）．当初，1999年の合併特例法改正の期限は2005年3月であった．その後，2003年5月の「片山プラン」により，2005年3月31日までに関係市町村議会の議決を得られれば，現行の財政措置を適応できるとし，実質合併の期限を2006年3月まで延長することとなった．

　表1-2にあるように，合併しようとする市町村については，市町村建設計画の策定等を行うための法定合併協議会の設立が義務付けられた．ほかにも，合併の「アメ」の一つとして，議員定数，在任期間の特例の改正が行われ，新設合併，編入合併いずれの場合も合併後数年間市町村の議員でいることができるようになった．また，法定合併協議会設置の直接請求制度として「住民発議制度」が設けられた．この制度によって，有権者の50分の1以上の署名により，市町村長に対して法定合併協議会（以後，法定協）の設置を請求できることとなり，また全ての合併市町村に対して同一の請求がなされた場合，各市町村の長は法定協の設置について，議会へ付議しなければならないこととなった．

　財政的な支援措置として，合併準備補助金，合併算定替，合併特例債，合併市町村振興のための基金造成に対する財政措置も実施された．合併算定替は，合併後10年間は合併しなかったとした場合の交付税を全額保証し，その後5年間は激変緩和措置により，段階的に補償額を縮小していく制度である．この制度は，合併に伴う財源の減少を防ぐことで，市町村を合併に誘導するための措置であり，合併後一定期間は少なくとも合併前の交付税額を維持できるようにするものである．合併すると規模の経済により人件費等の行政経費の削減が期待されるが，合併後すぐには費用縮減効果が出にくいことを考慮し，猶予期間を設けるものである．ただ日本政策投資銀行（2013）によると，全国の合併算定替による普通交付税増加額は2012年度当初予算で9,304億円となり，かなり大きな金額となることが示されている．なお当然ながら，普通交付税が交付されない不交付団体だけの合併では通常合併後も普通交付税は交付されず，合併算定替の対象外である．

　合併特例債は，合併後の事業に対する債券発行のことであり，合併後10

4

1章　合併と地方財政

表1-2　1999年合併特例法改正

期限：2006年3月（2005年3月までに議会の議決を得た場合）

法定合併協議会の設立義務
・合併をしようとする市町村は，合併の是非を含め，市町村建設計画の作成やその他合併に関する協議を行うための協議会を設置する．合併協議会の会長及び委員は，関係市町村の議会の議員，長，その他の職員，学識経験者の中から選任する．このほか，委員については，請求代表者又は同一請求代表者を加えることができる．

議員定数・在任期間の特例の改正
・新設合併：定数特例（法6条1項）では，設置選挙の際に，議員定数の上限数の2倍の範囲内で定数を定めることが出来る．在任特例（法7条1項）では，旧市町村の議員は，合併後2年以内は新市町村の議員でいることが出来る．
・編入合併：定数特例（法6条2項）では，増員選挙において，編入された旧市町村の区域で選挙区を設けて増員することができる．在任特例（法7条1項）では，編入された旧市町村の議員は，編入先の市町村の最初の選挙までその議員となることができる．

市町村の議会の議員の退職年金に関する特例
・合併がなければ退職年金の在職期間の要件（在職12年以上）を満たすこととなる者は，当該要件を満たしているとみなす．

住民発議の拡充
・全ての市町村で合併協設立が請求されたとき，全ての関係市町村長は議会へ付議することが義務付けられる．

合併準備補助金
・積極的な活動を行っている法定協の構成市町村について，1関係市町村に対して，500万円の補助金を与える．

普通交付税の算定の特例（合併算定替）
・合併後10ヵ年は合併しなかった場合の普通交付税を全額保証．その後5ヵ年は激変緩和措置．普通交付税を交付されない不交付団体である市町村どうしの合併の場合は，状況の変化がない限り合併後も普通交付税は交付されない．

合併特例債の創設
・合併市町村のまちづくりのための建設事業に対する財政措置（合併後の事業）
　　合併後10ヵ年度は市町村建設計画に基づく特に必要な事業の経費に合併特例債を充当（95%（公営企業に係るものは100%））．元利償還金の70%を普通交付税措置．この結果，普通交付税交付団体では，元利償還金の約30%を償還すればよい．
・東日本大震災後，被災地は20年，その他は15年に延長．

合併市町村振興のための基金造成に対する財政措置
・旧市町村単位の地域振興・住民の一体感醸成のために行う基金造成に対し，合併特例債を充当（95%）．元利償還金の70%を普通交付税措置．
・合併推進のための建設事業に対する財政措置（合併前の事業）
　　合併重点支援地域において関係する複数の市町村が連絡調整して一体的に実施する公共施設及び公用施設の整備事業に対して合併推進債を充当（90%）．元利償還金の50%を普通交付税措置．

市となるべき要件の特例
・通常：人口要件は5万人以上，中心市街地戸数割合が全戸数の6割以上など，地方自治法上の原則がある．
・特例：平成12年の改正で合併特例法に附則第2条の2が追加され，期限内に市町村合併が行われる場合に限って，人口要件は3万人以上に，その他の要件は問わないこととされた．

国の役割
・都道府県及び市町村の自主的合併に関する助言，情報の提供等を実施．合併市町村の建設に資するため必要な財政上の措置その他の措置

都道府県の責務
・市町村の自主的合併に関する助言，情報の提供等を実施．市町村の求めに応じた市町村相互間の必要な調整．市町村建設計画の達成のための事業の実施その他の必要な措置．

地方税の課税免除又は不均一課税：内容省略

資料）総務省HP等より筆者作成．

第Ⅰ部　合併の背景と現状

年間は，市町村建設計画に基づく特に必要な事業の経費の95％に合併特例債を充当出来，元利償還金の70％は普通交付税措置される．したがって，合併特例債を活用すれば，市町村の負担分は事業総額の3分の1にとどまる．バブル崩壊後の景気悪化に伴い，公共事業が縮小する中で，自治体にとっては大規模な公共事業を行うチャンスととらえられ，合併を促すものとなった．実際，合併特例債の発行残高は，2001年には90億円だったものが，2010年には3兆4,155億円と激増している．

　なお東日本大震災により，被災地では合併後20年，被災地以外では合併後15年に，合併特例債の期限が延長された．ただ，多くの市町村では，発行起債制限残高上限まで発行しており，延長されても追加で発行する余地がないと言われている．また，合併特例債の発行により市町村の借金が増大し，少なくともその3分の1は自主財源で賄わなければならないことから，今後市町村財政を毀損するという声も指摘されている．

　その他の財政措置として，旧市町村単位の地域振興等のために必要な基金造成に対する普通交付税措置や，合併重点支援地域において実施する公共施設等の整備事業に対する合併推進債の発行の許可（合併前の事業への発行）なども設けられた．また，合併に際し，市となるべき要件の特例が設けられ，通常5万人以上などの規定があるが，2000年の改正により旧合併特例法の期限内に市町村合併が行われる場合には，人口要件3万人だけで市に移行できることとなった（3万市特例）．また，表1-2には記載していないが，旧市町村の区域ごとに区議長の諮問により審議または意見を述べる審議会（地域審議会）を置くことも可能となった．

　2005年4月には，新合併特例法が施行された．新法のもとでは，財政上の優遇措置は大幅に削減され，それに伴い，実際に合併した市町村数は旧法の下での合併と比べて大幅に減少している．表1-1にあるように，新合併特例法の下では，合併算定替を段階的に5年に縮小するほか，合併特例債は廃止し，合併推進債の交付税措置は縮小された．一方，合併を阻害する要因を除くための措置である，地方税の不均一課税，議員の在任特例，合併補正は存続し，また3万市特例も存続させた．さらに，旧法の合併の下で議論されていた合併後における非中心地域への配慮という課題に鑑み，法人格を有する

1章　合併と地方財政

合併特例区や法人格を有しない地域自治区制度等を創設することにより，旧市町村のまとまりに配慮しながら合併することも可能にした．新合併特例法の下ではまた，国や都道府県が積極的に合併に関与するよう意図されたが，結果的には旧法と比べて合併の実施件数は大幅に減少することとなった．

　2010年4月からは，市町村の合併の特例等に関する法律の一部を改正する法律（以後，現行特例法）が施行され，合併を推進するための措置が廃止された．2010年3月31日時点で市町村数が1,727まで減少していること，及び合併の推進から10年経過していることから，自主的に合併する市町村を支援する体勢へと転換された．そのため，表1-1にあるように，合併算定替，議員の在任特例等は存続するものの，3万市特例や，国及び市町村の積極的な関与については廃止することとなった．

　表1-3は1999年から2014年までの合併協議会と合併件数，及び市町村数の推移を示したものである．1999年から2014年にかけて市町村数が53%程度まで大幅に減少していることが分かる．したがって，政府が目標とした1,000団体まで市町村数を削減することはできなかったが，平成の大合併により概ね半分ぐらいまで市町村数が減少したことが分かる．その内訳を見ると，町と村は大幅に減少しているが，市の数は増加しており，政令市も大幅に増えている．合併により規模が大きくなれば政令市や市に昇格することとなるが，他にも3万市特例や，政令市への昇格に関する要件の緩和なども影響して，大幅に数が増えたものと思われる．合併件数を見ると，2004年と2005年に，それぞれ200と300を超える多くの合併が実施され，その後大幅に減少していることが分かる．上述したように，2005年度末が，旧合併特例法の期限であったことから，旧合併特例法の適用を見据えて合併数が大幅に増加したと考えられる．また，2009年度にも合併件数が大幅に増えているが，これも，新合併特例法の期限である2010年3月を見据えて合併が増えたものと考えられる．したがって，合併に対する手厚い財政措置の影響もあり，合併特例法の適用期限を見据え，自治体は合併を実施してきたのだろう．また，協議会設置件数を見ると，概ね合併期限の1年から3年くらい前に設置していたことが分かる．総務省が協議会設置から合併実施まで概ね2年程度の期間が必要と示していたが，それとも一致する数字である．ただ，

7

第I部　合併の背景と現状

表1-3　合併協議会件数・合併件数・市町村数の推移

年度	協議会件数	合併件数	市町村数	政令市	市	町	村
1999年	4	1	3,229	12	659	1,990	574
2000年	7	2	3,227	12	659	1,990	574
2001年	16	3	3,223	12	660	1,987	573
2002年	142	6	3,212	12	663	1,981	568
2003年	212	30	3,132	13	664	1,961	558
2004年	217	215	2,521	13	682	1,872	539
2005年	9	325	1,821	14	725	1,317	345
2006年	10	12	1,804	15	764	844	203
2007年	12	6	1,793	17	765	827	201
2008年	18	12	1,777	17	766	812	199
2009年	8	30	1,727	18	765	802	198
2010年	5	0	1,727	19	767	757	190
2011年	1	6	1,719	19	767	754	190
2012年	0	0	1,719	20	767	748	190
2013年	0	0	1,719	20	769	746	190
2014年	0	1	1,718	20	770	746	189

注）総務省資料，「合併デジタル・アーカイブ（http://www.gappei-archive.soumu.go.jp/search/）」及び「統計で見る日本：市区町村数を調べる（https://www.e-stat.go.jp/municipalities/number-of-municipalities）」より作成．
市町村数は各年度末で集計．

やはり合併特例法適用期限までの適用を目指し，2年よりも短い期間で合併した市町村が多いことも確認できる．

1.3　市町村合併と地方財政改革

　上述した要因以外にも，地方財政制度上の見直しや改革が市町村合併へと向かわせる要因となったことが知られている．合併特例法の改正とは異なり，地方財政上の変更は市町村財政を悪化させる，或いは将来的に厳しい状況に陥らせることから，合併の「ムチ」として機能したと言われている．

　いくつか，地方財政制度の変更が行われてきたが，多くの研究者や実務家から合併への影響が大きかったと指摘されているのは，段階補正の見直しで

表 1-4　合併と関連する地方財政の変更

年	制度名と内容
1998～01 年	段階補正の見直し ・人口 4000 人以下の団体に対して割増の頭打ち
2000 年	地方分権一括法 ・機関委任事務の廃止など
2002 年	段階補正の見直し ・段階補正の算定方法見直し
2004～06 年	三位一体改革 ・国庫補助負担金改革，税源移譲，地方交付税改革 ・地方交付税を 5 兆円削減など

注）筆者作成.

ある．交付税を計算する際に用いられる基準財政需要額は，「単位費用×測定単位×補正係数」で計算されるが，段階補正は補正係数のうちの一つで，規模の大きさによって生じる経費差を反映させることを目的としており，人口規模が小さいほど交付税を割増すという機能がある．段階補正の見直しにおいては，そうした割増しの額を削減した．

段階補正の見直しは 2 段階に分けて行われた．最初は 1998 年以降，3 年間に渡って行われた人口 4,000 人以下の団体に対する割増しの頭打ちである．段階補正は人口 1,000 人程度の市町村の場合かなり大きな割増しとなるが，小規模団体における効率化の必要性から，人口 4,000 人以下団体に対する割増しの頭打ちが行われ，4,000 人未満の団体は 4,000 人の団体の基準と一緒になるように一律化された．

2002 年には，段階補正の算定の見直しが行われた．表 1-4 が合併と関連する地方財政制度の変更である．この制度変更では段階補正の割増し率を上位 3 分の 2 の団体を基準として順次引き下げるという変更が行われたが，特に人口 1 人あたりの影響額では人口 8,000 人以下の小規模団体で削減額が大幅に増加した．このように，主に小規模市町村に対する段階補正の見直しは小規模市町村の財政を悪化させ，小規模団体を合併に向かわせたということが指摘されている．

また，2000 年 4 月に施行された地方分権一括法が合併に及ぼす影響も大きかった．地方分権一括法は第 1 次地方分権改革の総仕上げともいえる段階だ

第 I 部　合併の背景と現状

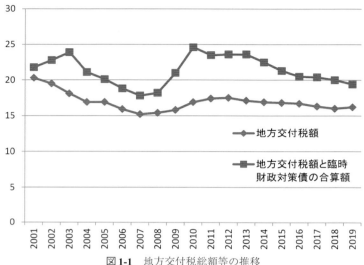

図 1-1　地方交付税総額等の推移
注）単位は兆円．総務省資料より作成．

が，そこでは国と地方の関係が「上下，主従」から，「対等，協力」の関係に変わった．機関委任事務が廃止されて法定受託事務と自治事務に分離されるなど，地方分権が進展して新しい自治の形が生まれてくるものであった．ただ，当然これまでの市町村制とは異なり，各市町村に質的な行政能力の高度化が求められる中で，市町村合併も地方分権の推進とともに必要とされるようになった．したがって，地方分権一括法の施行は更なる市町村合併の推進を求める一つの要因であったと言えるだろう．

表 1-4 にあるように，2004 年から 2006 年にかけては三位一体改革が実施された．三位一体改革では 4.7 兆円の国庫補助負担金改革，3 兆円の税源移譲，5 兆円の地方交付税改革（削減）が実施され，市町村にとっては地方分権の推進の名の下に補助金や交付税が大きく削減されて財政の悪化に拍車をかけることとなった．図 1-1 は 2000 年から 2019 年までの地方交付税の推移を示したものである．図 1-1 からわかるように，2004 年頃から交付税総額は減少し，それまで 20 兆円弱の交付税総額であったものが，2007 年頃には 15 兆円程度と大幅に削減されている．実質的な交付税である臨時財政対策債を加え

10

て計算した値でも，2003年の約24兆円から2007年の約18兆円へと大幅に減少していることが分かる[1]．このように，市町村，特に多くの交付税や国庫補助金を得ていた小規模団体にとっては，いわば兵糧攻めと言われるような国から地方への財政移転の減少に直面し，将来の財政悪化を憂慮し，市町村合併を選択せざるを得なかったと言われている．

1.4 合併のメリットとデメリット

本節では，市町村合併が行政や住民に及ぼすメリットとデメリットについて考察したい．住民，市町村，国や県など立場によって合併への賛否については様々な意見があり，学術分野においても合併の効果については結論を得られていないが，合併が及ぼす影響，特にプラスの面とマイナスの面を分類し整理することは，合併の全体像を捉える上で重要であると考えられる．

最初に，合併のメリットについて論ずる．第1に，表1-5にあるように，専門職員の配置などにより，住民サービスを提供する体勢が充実強化されるというメリットがある．総務省が2006年4月1日における合併市町村558団体を対象にして行った調査によると，栄養士，保健師，土木技師，司書，建築技師などの専門職員については，合併前の各市町村における職員数と比較して合併後の職員数のほうが増加しているという結果が得られている．また，同調査によると，約9割の市町村が合併によって組織の専門化や人員の増加よる体勢の充実が図られており，特に企画財政・庶務分野，保健・福祉分野，産業振興分野などにおいて組織の充実が図られていると回答している．例えば，企画財政・庶務分野では，行政改革推進室の設置などが挙げられている．そのほかの分野，例えば教育文化や住民協働などにおいても，新しい様々な取り組みを行っている．地方分権の進展とその受け皿の整理という市町村合併の目的からすると，このような組織の充実は合併によってある程度達成されていると考えられる．市町村への別のアンケートによると，合併により旧市町村間での人事交流が盛んになり，職員のやる気を高める効果

---

[1] 一方で，2008年以降，リーマンショックによる景気悪化のために交付税は増加に転じている．

第Ⅰ部　合併の背景と現状

表 1-5　市町村合併のメリットとデメリット

合併のメリット	合併のデメリット
①専門職員の配置など住民サービス提供体制の充実強化 専門職員数が増加 「企画財政・総務分野」「保健・福祉分野」「産業振興分野」などが充実 職員のモチベーションの向上 合併後の都道府県からの権限移譲	①周辺部の旧市町村の活力喪失 中心部と周辺部の格差が増大する 支所近くの商店街等は衰退 合併により面積が大きくなった市町村において，周辺部の旧市町村の活力が失われている
②少子高齢化への対応 少子化対策，高齢化対策，障害者福祉などの福祉分野での住民サービスが充実	②住民の声が届きにくくなっている 職員や権限の縮小により迅速な対応が困難 支所では本庁の指示や承認が必要 行政に守られているという感覚が失われる
③広域的なまちづくり 地域資源を活かした広域的な地域活性化 コミュニティ活動や地域の振興施策の活発化 サービスにおける旧市町村間の格差是正 道路や下水道の整備などの社会資本の整備	③住民サービスの低下 役場が遠くなり不便になる 旧自治体間の一体感が欠如 職員の価値観の相違 個人や団体への助成金等を削減・廃止 旧自治体の事業の継続・調整（公共料金，サービス水準等） 住民負担の見直しにおける誤解
④職員の再配置や公共施設の統廃合など行財政の効率化 市町村の三役・議会議員が約 21,000 人減少し，年間約 1,200 億円の効率化 合併後 10 年経過以降においては，人件費等の削減等により，年間 1.8 兆円の効率化 公共施設の効率的配置とネットワーク化	④旧市町村地域の伝統・文化，歴史的な地名などの喪失

注）市町村の合併に関する研究会（2008），総務省（2010），道州制と町村に関する研究会（2010）を元に作成．

もあると言われている.

　第2に，少子高齢化が進展する中で，少子化・高齢化対策，障害者福祉などの福祉分野における住民サービスの向上も挙げられている．例えば，合併により専門的な職員の配置が可能になり，子育て支援政策を展開するための専門組織を設けたり，栄養士，助産師などの専門職員を配置できる．また，幼児の医療無料化など子育て支援策の重点化や高齢者対策としての乗り合いタクシーの運行など，合併し規模が大きくなることや専門化により，実施できる事業が増えたと言われている.

　第3に，合併により広域的なまちづくりが可能になった点が挙げられる．いくつかの例で言及されているのは，合併により地域資源を生かした広域的な地域活性化が可能になったという点である．地域が一体となったり，また市というネームバリューを得たことにより，地域がひとつとなって地域の振興や活性化策を考えられるようになっている．例えば，総務省の調査によると，合併後，日光市ではいくつかの有名な観光地が一つとなったことから，広域的な観光政策を考えることができるようになっているほか，他の地域でも特産品や観光のブランド化を推進する取り組みが試みられている．特に，合併後の周辺地域の振興のために，コミュニティ活動や地域単位のイベント等の実施や支援などの振興施策が実施されている．地域単位のイベントや祭りの実施のほか，地域コミュニティの事業を実施するために独自の予算を設けたり，地域振興組織に職員が入るなど，合併後周辺地域となり長期的に廃れることが懸念される地域を中心とし，旧市町村の住民が力を合わせた祭りやイベント等が実施されている．また，特に地域自治組織としては，法律に基づいた合併特例布や地域審議会などの活用が目立っているが，それだけではなく，法律に基づかないなどの学校区等を単位としたコミュニティ等組織などを用いた取組等も行われている.

　他にも，無医地区の解消や，（浜松市の例であるが，）一部の地域で行われていた高齢者，障害者に対するバス，電車共通券等の交付サービスを全市に拡大した等，サービスにおける旧市町村間の格差の是正等によるサービスの充実等も報告されている．また，市町村域の拡大により，公共施設の効率的配置とネットワーク化なども実現できている．合併後旧市町村を超えて，保

育所や図書館や小学校などの利用が可能になり，近くにある隣の小学校への入学も可能になった．また，ともすれば市町村同士で競争し合うように同種の公共施設を重複投資・整備する例も多かったが，文化施設や体育館，公民館等における重複投資の回避や，また不必要な施設などの統廃合なども実施されつつある．図書館においては複数の図書館をネットワーク化することによって，どの図書館でも図書の貸し出しが可能になる例が多く見られる．また他にも，合併特例債等を利用し，旧市町村単独では困難だった共同事業や，広域的な幹線道路の整備，また上下水道事業施設整備なども実施された．

　また，第4のメリットとしては，職員の再配置や，公共施設の統廃合など行財政の効率化が挙げられている．特に，市町村の三役，議会議員など人件費が減少することにより，年間約1,200億円の予算を削減できると報告されている（市町村による公開について，2006）．また，同報告書では，合併後10年経過すると人件費等の削減によって，年間1.8兆円の予算削減が可能になると試算されている．例えば函館市では2005年から2009年までの間に600人の職員を削減し，人件費等合わせて83億円の効率化が実施された．また，他にも補助金の見直しにより補助費を70%削減したり，ごみ処理の委託等により歳出を削減した例など，歳出削減の取組に成功したケースが幾つか報告されている．このように，合併による規模の拡大によって職員や施策の専門化，充実化が図られたり，また広域的な施策展開が図られるほか，費用削減を実施するなど，いくつかの合併によるメリットがこれまで報告されてきた．

　次に，合併のデメリットについて考察する．合併のメリットは，市町村，国，県などの行政の立場から見たメリットが議論されていることが多いが，合併のデメリットは主に，住民，特に，周辺地域に住む住民からの懸念の声が多く反映されている．第1に，周辺部の旧市町村の活力の喪失が挙げられる．周辺部の住民からは，旧市町村役場に設けられた支所等の権限や規模が縮小することによる地域経済への悪影響が不安視されている．例えば，合併後中心地域から選出される議員の数が多くなるが，そのために周辺地域に住む住民の声が反映されにくくなっている．また，当然支所等の機能の削減によって民間の事業者が減ることにより，飲食店を含めた様々な産業等において経

済的な打撃が生じることが予想されるし，また実際に既に起きている．周辺部の支所になると，旧市町村役場に勤めていた職員の多くが本庁周辺に転居するなど，本庁周辺と比べて地域の活気が廃れていくことが多い．また，周辺地域から選出される議員の数が少ないことと関係するが，合併後中心部に多くお金が使われることが多く，周辺地域の不満につながっている．

　第2に，合併後行政に住民の声が届きにくくなっている点が挙げられる．合併後，旧市町村役場の多くが支所等として存続しているが，旧役場の職員数の減少や権限の減少によって，住民の要望に対する迅速な対応が困難となっている．多くの場合，支所では管理業務等は行っていないため，本庁の承認が必要な案件が発生し，住民の要望に迅速に対応できなくなっている．そのため多くの住民は行政との間に距離を感じ，きめ細かな住民対応が難しくなっている．また，「行政に守られているとの感覚が減退した．」「行政との協力関係が薄れてきた．」といった意見を述べているものが多い．こうした行政と住民との間の距離に関するネガティブな意見は，町内会，自治会組織や地域づくり団体などによる住民活動が活発ではない地域で多く聞かれるという報告もある．

　第3に，住民サービスの低下が挙げられる．実際，合併後，年金の受給申請などの多くの手続きが本庁でなければできなかったなど，物理的に役場が遠くになって不便になったという例もある．また，本庁に行かないといけない事例や支所を介して対応するケースなどにより，行政がより不便になったと感じる住民も多い．物理的にだけでなく，支所の職員の減少や，新市町村の一体感の欠如などにより，行政と住民との間における心理的な距離の拡大も挙げられている．また，厳しい地方財政の現状を踏まえ，合併市町村でも行財政改革の観点から住民サービスの取捨選択，適正化が行われている．そのため，敬老，結婚等の各種祝い金や，個人団体に対する助成金などを削減廃止する例が多くみられ，合併後特色のある施策がなくなり，画一的な施策に統合されたという不満の声も挙がっている．また，編入合併の場合，サービス水準は原則として中心自治体の水準に合わせるという例も多くみられる．なお，公共料金や使用料手数料の見直しについては，合併後引き上げのみ行った市町村と引き下げのみ行った市町村の数が概ね同数であることか

第1部　合併の背景と現状

ら，実際には必ずしも合併後住民負担が増えているわけではない．しかし，近年地方財政の厳しい現状を踏まえてどの市町村もサービス水準等の適正化を行わなければならず，合併しなかった場合でもサービス水準は下げられていたにも関わらず，合併によりサービス水準が低下したと受け止められるケースも多い．

　第4に，旧市町村地域における伝統文化や歴史的な地名などの喪失が挙げられる．これらについては，町字名などとして，旧地名を残すという働きが行われているほか，市町村では伝統文化を継承する人材の育成に取り組んでいる所もある．

1.5　まとめ

　1999年の旧合併特例法施行以降，手厚い財政支援策が誘因となり平成の大合併が強力に推進された．国による地方分権改革の流れや，社会や技術の変容とともに市町村の規模や枠組みが現状に合わなくなってきたという背景もあった．また，将来的な少子高齢化や政府による地方財政改革によって，将来的な財政や行政サービスの維持への不安から，市町村，特に小規模市町村ほど合併を選択せざるを得ない状況にあったと言えよう．旧合併特例法を適用するための期限の存在もあり，自治体は合併協議会を設立してから1,2年程度の短期間で合併することを強いられた．

　一方，合併のメリット・デメリットを調べると，行政や政府関係者は合併のメリットを述べるものの，多くの住民は合併のデメリットを強く感じている．行政関係者は，合併による専門職員の配置，職員のモチベーションの向上，少子高齢化対策の実施，広域的な政策形成，統廃合などによる財政の効率化など，合併に多くの利点を見出している．一方，住民の多くは，合併によって周辺部が衰退した，住民の声が届きにくくなっている，住民サービスが低下していることなどを実感しているようである．

　このような市町村合併に対する評価の違い，特に住民による合併への低評価はなぜ生じてしまったのだろうか．一つの理由は，拙速な合併を促してしまったからではないだろうか．合併に関する懸案事項の先送り，合併後のビジョンの欠如，住民同士での合併に関する議論の不足，行政の説明不足など

により，合併後，住民は思い描いた通りの状況になっていないことに不満を抱いたのではないか．住民への十分な説明，市町村間での合意形成，住民が合併に対して十分に納得していることなどの条件を満たしたうえで，実際に合併すべきだったと思われる．このような様々な条件について合意を得るには時間がかかることから，1, 2 年という期間ではなく，長期間かけて合併を進めるべきだっただろう．国による合併推進政策では，拙速かつ半強制的な形で合併を促すケースが多いが，こうした教訓を生かし，長期間かけて住民が十分に納得する形で合併を進めることが，今後の合併では必要になると思われる．

2 章 市町村合併の財政状況，社会人口動態と公共サービスへの影響

2.1 地方財政の推移：歳入

　本章では，合併が財政，社会人口動態，所得，公共サービスなどに与える影響を，単純集計されたグラフを用いて長期的な観点から考察する．合併市町村と未合併市町村を区別して，グラフを用いて長期的な変動を観察する．未合併市町村は 2015 年時点において合併していない市町村と定義し，合併市町村はそれ以外である．

　図 2-1 は，1990 年から 2016 年までの人口の推移を示したものである．基本的に未合併市町村において人口が増加しつつあるものの，合併市町村では全体的に減少傾向にある．特に，合併後の 2008 年辺りから減少幅が大きくなっているようにも見える．

　図 2-2 は 1 人当たり歳入であるが，1996 年には合併市町村の方が平均的に小さかったものの，その後すぐ逆転していることから，長期的には合併市町村において増加傾向にある．また，合併前の 2002 年から 2004 年にかけて合併市町村において 1 人当たり歳入が増加しており，合併と関連する事業により歳出が拡大し，そのための補助金や地方債発行が増加したためと考えられる．なお，2006 年以降の推移については，合併市町村と未合併市町村でそれほど大きな差はない．

　図 2-3 は，1 人あたり地方税の推移である．合併市町村は未合併市町村よ

第Ⅰ部　合併の背景と現状

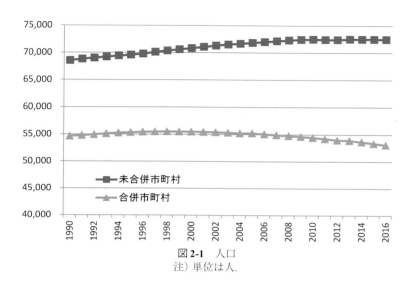

図 2-1　人口
注）単位は人.

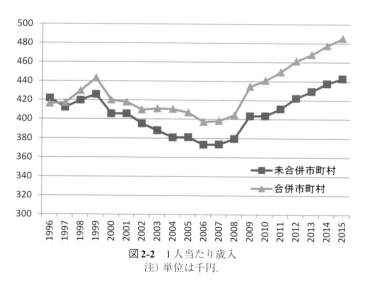

図 2-2　1人当たり歳入
注）単位は千円.

2章　市町村合併の財政状況，社会人口動態と公共サービスへの影響

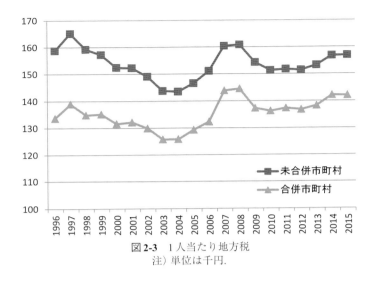

図 2-3　1人当たり地方税
注）単位は千円．

りも低く，元々財政力が弱いことが分かる．長期的な推移をみると，1996年には約3万円程度差があったが，2015年には1.5万円程度にまで減少しており，特に合併期間とは限らないが，長期的にみて，1人当たり地方税の格差が小さくなっていることが分かる．

　図2-4は，1人当たり個人住民税である．1996年には約2万円程度の差があったが，2015年には1.5万円程度まで減少している．特に，2003年から2005年にかけて合併市町村と未合併市町村の差が縮まっており，合併に伴う地方税徴収の実施体勢の見直しなどの影響が考えられる．

　図2-5は，1人当たり法人住民税の推移である．1996年から2016年にかけて長期的に合併市町村と未合併市町村の差はなくなっているが，特に2001年から2004年にかけて急速に格差が小さくなり，2005年には逆転している．合併に伴う法人住民税率の統一や，課税体制の見直しなどの影響が考えられる．

　図2-6は，1人当たり固定資産税である．1996年には合併市町村と未合併市町村の差が1万円程度であったものが，2015年には合併市町村が上回っている．特に，市町村合併が行われた2003年から2005年にかけて合併市町村

19

第I部　合併の背景と現状

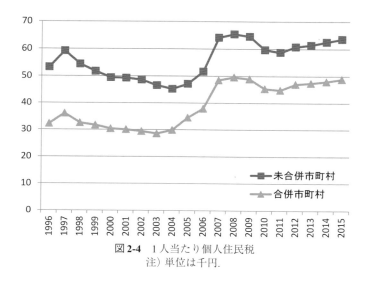

図 2-4　1人当たり個人住民税
注）単位は千円.

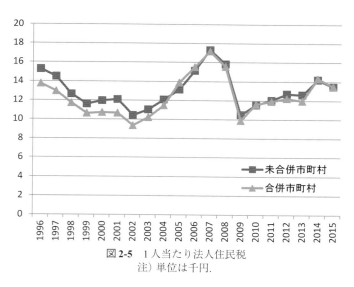

図 2-5　1人当たり法人住民税
注）単位は千円.

2 章　市町村合併の財政状況，社会人口動態と公共サービスへの影響

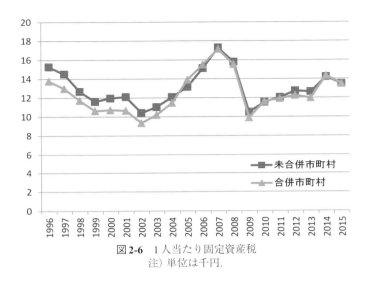

図 2-6　1 人当たり固定資産税
注）単位は千円．

で急速に税収が増加したことで逆転している．より詳細な分析が必要であると考えられるが，合併に伴う徴収体制の見直し，固定資産税評価方法及び固定資産税率の変更の影響が考えられる．

図 2-7 は 1 人当たり地方交付税であるが，合併市町村が未合併市町村よりも大幅に大きく，合併市町村が財政的に脆弱であることが分かる．長期的な傾向はそれほど大きく変動してないが，合併がピークを迎えた 2005 年頃に合併市町村において額が増加しており，合併に伴う臨時的な経費に対する財政措置である合併補正の影響だと考えられる．

図 2-8 は，1 人当たり特別交付税である．合併市町村において額が大きいが，特に 2004 年に合併市町村と未合併市町村の差が拡大しており，合併に伴う準備や移行にかかる経費に対する特別交付税措置が反映されたものと考えられる．

図 2-9 は，1 人当たり国庫支出金の推移である．長期的に若干差が小さくなる傾向があり，特に 2002 年から 2005 年にかけて急速に合併市町村と未合併市町村の差が小さくなっている．合併に伴う公共施設等のインフラ整備により，補助金が拡大された影響と考えられる．

21

第 I 部　合併の背景と現状

図 2-7　1 人当たり普通交付税
注）単位は千円．

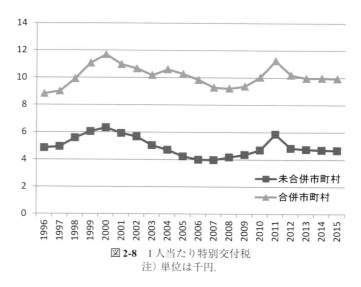

図 2-8　1 人当たり特別交付税
注）単位は千円．

2章 市町村合併の財政状況，社会人口動態と公共サービスへの影響

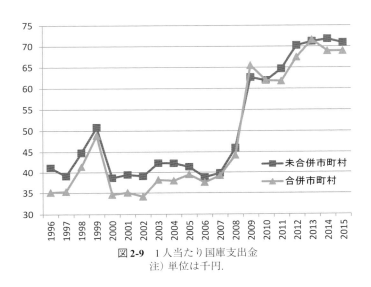

図 2-9　1人当たり国庫支出金
注）単位は千円．

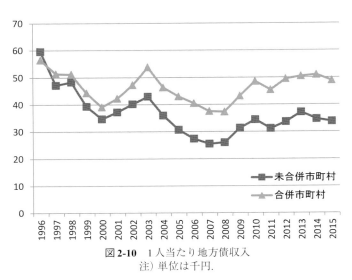

図 2-10　1人当たり地方債収入
注）単位は千円．

第Ⅰ部　合併の背景と現状

　図2-10は，1人当たり地方債収入である．1996年には合併市町村の方が少額であったが，2015年には合併市町村の方が1人当たり1万円以上大きい．なお，2000年から2007年にかけて徐々に格差が大きくなっているが，合併前における公共施設等の整備の駆け込み需要と合併後まで続く合併特例債等を利用したインフラ整備によって拡大したものと考えられる．

　このように，歳入面からみると，合併市町村は元々財政力が弱い市町村が多い．合併に伴い地方税収は増加するが，一方で交付税や補助金も同時に増大していることが分かる．したがって，市町村合併は長期的には1人当たりの歳入等を拡大させる傾向にあると考えられる．

2.2　地方財政の推移：歳出

　次に，1人当たり歳出及び歳出の各項目における1人当たり歳出額について考察する．図2-11は，1人当たり歳出の推移である．1996年には合併市町村の方が小さかったが，2015年には合併市町村の方が4万円程高くなっており，長期的に差が拡大する傾向にある．特に2002年から2005年にかけて差が拡大しているが，市町村合併に伴うインフラ整備等の支出が拡大したためと考えられる．合併後，合併による規模の経済により格差が縮小することが期待されるが，2015年までのところは格差は減少せず，逆に拡大している．

　図2-12は，1人当たり議会費の推移である．合併市町村の方が未合併市町村より小さいが，2015年にはほぼ同水準となっており，長期的に1人当たり議会費の差は縮小傾向にある．合併に伴い議員数が減少して，議会費も抑制されると考えられるが，長期的には合併市町村の方が額が大きいことは変わりがなく，合併の効果が顕著に表れているとは言えない．

　図2-13は，1人当たり総務費である．基本的に合併市町村の方が額が大きく，2007年から2015年にかけて差が拡大している．長期的に規模の経済などによって合併市町村の額が小さくなると想定されていたが，少なくとも2007年以降合併による効率化は現れていない．

　図2-14は1人当たり扶助費であるが，合併市町村の方が約1万円程小さく，長期的にこの差は変化していない．全体的に大幅に費用が増加しているが，合併に関係なく高齢化が進んでいる影響があるものと考えられる．

24

2章　市町村合併の財政状況，社会人口動態と公共サービスへの影響

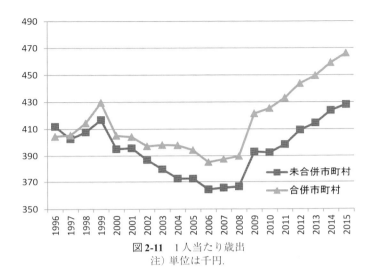

図 2-11　1人当たり歳出
注）単位は千円．

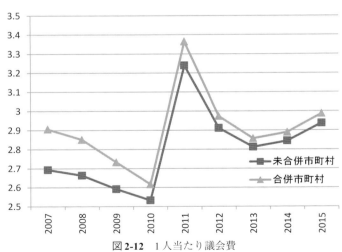

図 2-12　1人当たり議会費
注）単位は千円．2011年には地方議会議員年金制度の廃止に伴って，市町村が1,200億ぐらい公費で負担したために増加．

第I部　合併の背景と現状

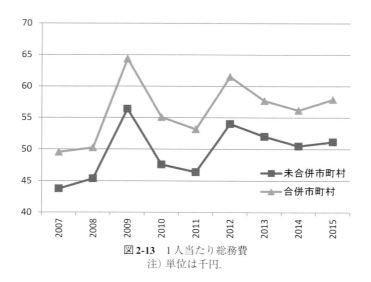

図 2-13　1人当たり総務費
注）単位は千円.

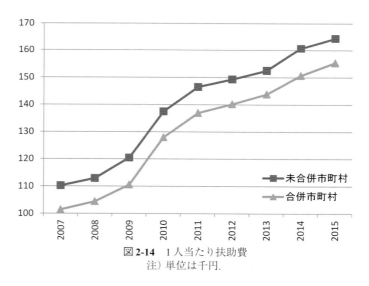

図 2-14　1人当たり扶助費
注）単位は千円.

2章　市町村合併の財政状況，社会人口動態と公共サービスへの影響

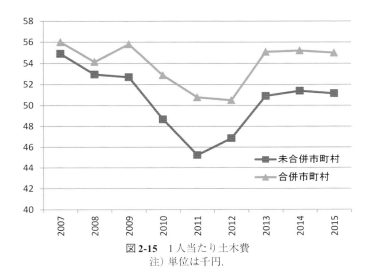

図 2-15　1人当たり土木費
注）単位は千円．

　図2-15は，1人当たり土木費の推移である．未合併市町村より合併市町村方が額が大きく，2015年には合併市町村の方が4千円ほど大きい．差は拡大する傾向にあり，合併と関連する公共事業が実施されたためと考えられ，合併による費用削減効果は長期的にも見られない．

　図2-16は，1人当たり教育費の推移である．合併市町村の方が2007年時点で2千円弱大きくなっており，2007年から2015年にかけて格差は拡大している．合併市町村では合併に伴う校舎等の統廃合にかかる費用が発生したと考えられるが，2015年になっても未だに合併市町村の方が額が大きく，長期的に同様の傾向が続くものと考えられる．

　図2-17は，1人当たり人件費である．合併市町村の方が当初は小さかったものの，2015年には合併市町村の方が額が大きくなっている．特に2002年から2005年にかけて合併市町村と未合併市町村の推移に違いが表れ，合併市町村で1人当たり人件費の拡大が進んだ．合併によって規模が大きくなったのにもかかわらず，人員削減をすぐに実施できないためであるが，長期的にも合併市町村において額が大きくなっており，人員削減が実施されていないためと考えられる．

27

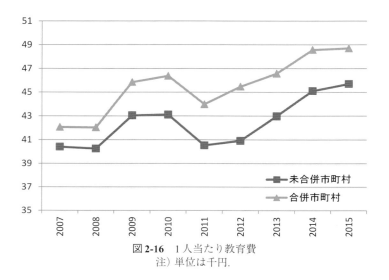

図 2-16 1人当たり教育費
注）単位は千円．

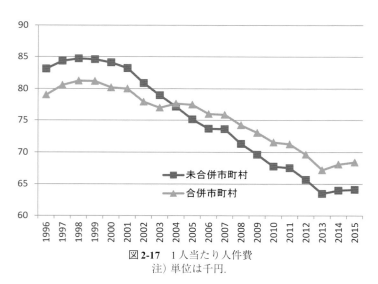

図 2-17 1人当たり人件費
注）単位は千円．

2章　市町村合併の財政状況，社会人口動態と公共サービスへの影響

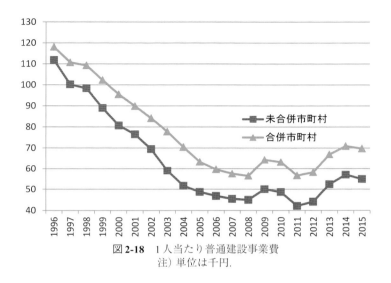

図 **2-18**　1 人当たり普通建設事業費
注）単位は千円．

　図 2-18 は 1 人当たり普通建設事業費であるが，長期的に合併市町村の方が拡大する傾向にある．特に合併がピークを迎えた頃に大きく拡大しているわけではないが，2002 年から 2005 年にかけて合併市町村と未合併市町村の格差は拡大している．

　図 2-19 は，1 人当たり積立金の推移である．1996 年には合併市町村の方が大きかったものの，2015 年にはほぼ同水準となっている．2003 年から 2006 年にかけて急激に合併市町村の積立金が減少している．合併算定替などの期限等を迎えることによって将来的な財政逼迫が予想されることから，合併市町村では基金の積み立てが進んでいると言われているが，実際には未合併市町村とほぼ同水準である．また，2009 年以降未合併市町村においても積立金の増加が見られ，合併市町村において特に積立金が増加しているという傾向はない．

　図 2-20 は，1 人当たり地方債残高である．1996 年には合併市町村の方が小さかったものの，2003 年には逆転し，合併市町村の方が大きくなっている．2001 年から 2006 年頃にかけて合併市町村の増加額が急速に拡大し，2015 年にかけて格差は拡大傾向にある．合併と関連する事業の実施に伴い，地方債

29

第Ⅰ部　合併の背景と現状

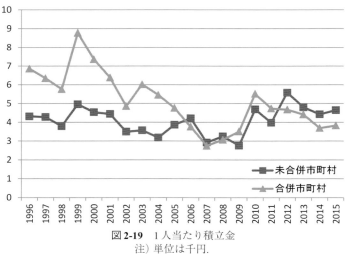

図 2-19　1人当たり積立金
注) 単位は千円.

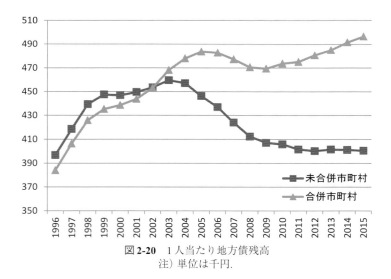

図 2-20　1人当たり地方債残高
注) 単位は千円.

2章　市町村合併の財政状況，社会人口動態と公共サービスへの影響

図 2-21　1人当たり積立金残高
注) 単位は千円.

を発行しているためと考えられる．

　図 2-21 は，1人当たり積立金残高であるが，基本的に合併市町村の方が額が大きい．2004 年にかけて減少傾向にあったが，2004 年以降は徐々に増大し，2009 年からは合併市町村，未合併市町村共に急速に残高が増加している．一般的に合併市町村は将来の財政状況を予想して積立金を増やしていると言われているが，合併市町村だけでなく，未合併市町村も積立金を増やしていることが分かる．

　図 2-22 は，1人当たり地方公務員数である．合併市町村の方が基本的に人数が多いが，合併が実施された 2002 年から 2005 年にかけて未合併市町村との差が拡大しており，その後，差は縮小していない．そのため，合併後の人員削減が上手く進んでいないと思われる．

　図 2-23 は，1人当たり一般公務員数である．基本的に 1人当たり公務員数と同じような推移をしている．

　図 2-24 は，財政力指数である．1996 年には合併市町村の方がかなり財政力が悪いが，合併が行われた 2003 年から 2005 年にかけて急速に改善し，2015 年には未合併市町村とほぼ同水準である．合併期間における合併市町

第 I 部　合併の背景と現状

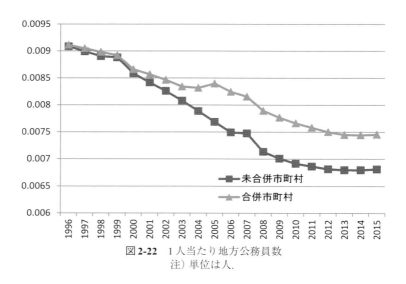

図 2-22　1 人当たり地方公務員数
注）単位は人．

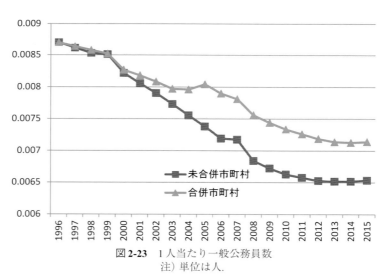

図 2-23　1 人当たり一般公務員数
注）単位は人．

2章　市町村合併の財政状況，社会人口動態と公共サービスへの影響

図 2-24　財政力指数
注）単位は指数．

村の改善に関して，財政力指数は基本的に市町村あたりの平均で計算しているため，合併により規模が拡大する一方で，町村など財政力の弱い市町村が消滅したことにより，合併市町村では全体として財政力が改善したと思われる．

　このように，歳出総額及び各歳出項目においても，基本的に合併期間に未合併市町村と比べて合併市町村の歳出は拡大する傾向にあった．合併前は合併市町村の方が額が小さかったケースでも，合併後合併市町村において額が増大し，その傾向は拡大するケースが多い．したがって，合併後，特に合併が行われた時期に歳出は拡大するが，長期的にも合併による効率化の効果は見られないと言えよう．

2.3　合併と社会人口動態

　本節では，合併により人口動態，所得水準，産業構造などがどのように変化したのかを図で確認する．図 2-25 は，15 歳未満人口比率である．合併市町村，未合併市町村双方において長期的に減少傾向にあるが，特に合併市町村の方が減少傾向が強く，90 年には合併市町村の方が 1% ほど高かったもの

第I部 合併の背景と現状

の2015年にはほぼ同水準となっている.

図2-25は，15歳未満人口比率である．合併市町村，未合併市町村双方において長期的に減少傾向にあるが，特に合併市町村の方が減少傾向が強く，1990年には合併市町村の方が1％ほど高かったものの2015年にはほぼ同水準となっている.

図2-26は，15〜64歳以上人口比率である．合併市町村の方が低いが，その差年々小さくなっている．合併市町村，未合併市町村双方において1995年以降は減少傾向にある.

図2-27は，65歳以上人口比率である．基本的に合併市町村も未合併市町村も増加傾向にあるが，合併市町村の方が割合が高い.

図2-28は，純移転人口比率である．基本的に未合併自治体は正で合併市自治体は負であるが，合併自治体では2003年から2010年にかけて純移転人口が増え，一方で同時期に未合併自治体において純移転人口が減少している．したがって，合併自治体よりも未合併自治体の方が純移転人口比率は大きいが，近年は合併自治体でも増加傾向にある.

図2-29は，市町村当たり面積である．基本的に未合併自治体の方が面積は大きかったが，合併後は合併自治体が約200 km²程度面積が大きい.

図2-30は，納税者1人当たり課税所得である．基本的に合併・未合併両方のケースでほぼ同じような推移をしており，1990年には60万円以上合併市町村の方が小さかったが，2016年にはその差は約45万円程までに縮小している.

図2-31は失業率であるが，合併市町村・未合併市町村ともに同じような傾向にある．常に未合併市町村の方が失業率は高く，この関係は合併後も変化していない.

図2-32は，自市区町村従事者割合である．基本的に合併市町村の方が高く，1990年時点で合併市町村の自市区町村割合は未合併市町村と比べて20％くらい大きい．ただ，2000年から2005年にかけて，未合併市町村では減少しているにもかかわらず合併市町村で上昇しており，合併により合併市町村の規模が大きくなったためであると考えられる．なお，2005年以降未合併市町村において自市区町村割合が減少しているが，合併市町村における減少の

34

2章　市町村合併の財政状況，社会人口動態と公共サービスへの影響

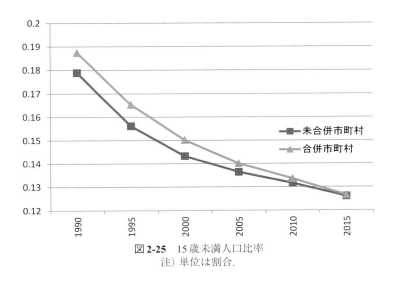

図 2-25　15歳未満人口比率
注）単位は割合．

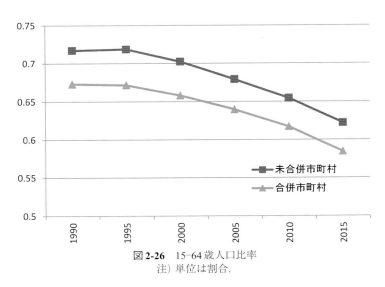

図 2-26　15-64歳人口比率
注）単位は割合．

35

第I部　合併の背景と現状

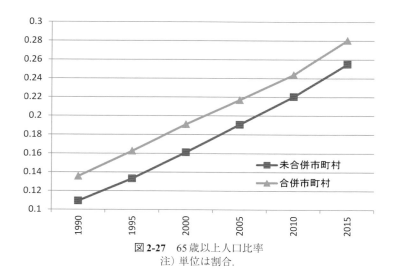

図 2-27　65歳以上人口比率
注）単位は割合．

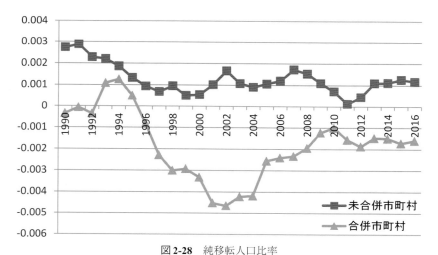

図 2-28　純移転人口比率
注）単位は人口に対する割合．原データの欠損により，一部の市町村が一部の年度において計算から欠落している．

2章　市町村合併の財政状況，社会人口動態と公共サービスへの影響

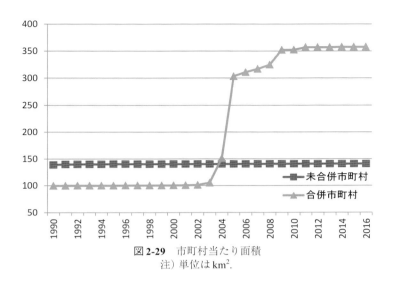

図 **2-29**　市町村当たり面積
注）単位は km^2．

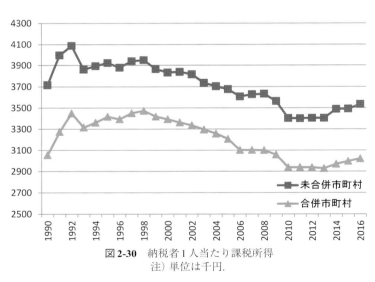

図 **2-30**　納税者 1 人当たり課税所得
注）単位は千円．

37

第Ⅰ部　合併の背景と現状

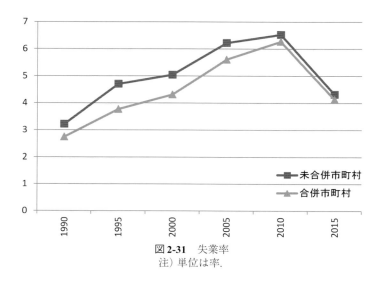

図 2-31　失業率
注）単位は率．

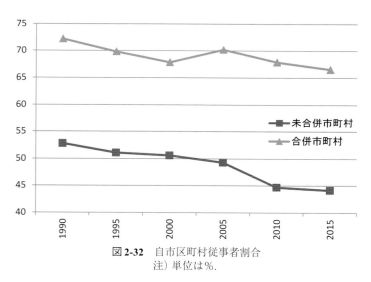

図 2-32　自市区町村従事者割合
注）単位は％．

2章　市町村合併の財政状況，社会人口動態と公共サービスへの影響

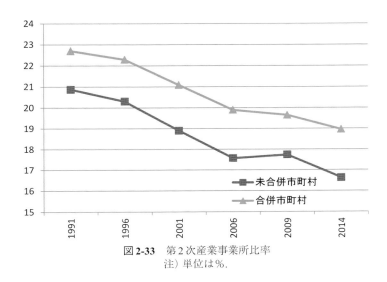

図 2-33　第 2 次産業事業所比率
注）単位は%．

幅は小さい．2005 年から 2010 年の未合併市町村における減少は，合併後合併市町村に事業所等が移転し，未合併市町村から合併市町村への通勤が増えた可能性等も考えられる．

図 2-33 は，第 2 次産業事業所比率である．合併市町村の方が未合併市町村よりも第 2 次産業割合が高く，全体として減少傾向にあるが，相対的な大きさは変わらない．合併による影響も特には見られない．

図 2-34 は，第 3 次産業事業所比率である．未合併市町村の方が合併市町村よりも割合が大きいことが分かる．全体的に増加傾向であるが，相対的な大きさはそれほど変化していない．2001 年から 2006 年にかけて特に大きな違いはなく，合併の影響は小さいと思われる．第 2 次産業事業比率，第 3 次産業事業比率ともに 2009 年に合併市町村と未合併市町村の変動において少し差が出ているが，これは 2008 年のリーマンショックの影響かもしれない．ただ，この図による分析では，要因までは特定できていない．

図 2-35 は，事業所ではなく第 2 次産業従事者比率で，図 2-36 は第 3 次産業事業従事者比率である．事業所比率と同様に，第 2 次産業では合併市町村の比率が，第 3 次産業では未合併市町村の比率が高く，合併の影響は特に見ら

39

第Ⅰ部　合併の背景と現状

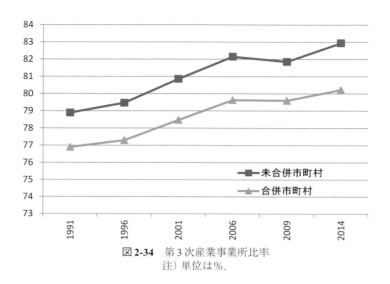

図 2-34　第 3 次産業事業所比率
注）単位は%.

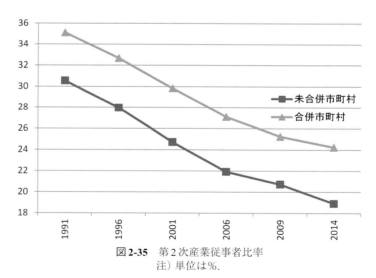

図 2-35　第 2 次産業従事者比率
注）単位は%.

2章　市町村合併の財政状況，社会人口動態と公共サービスへの影響

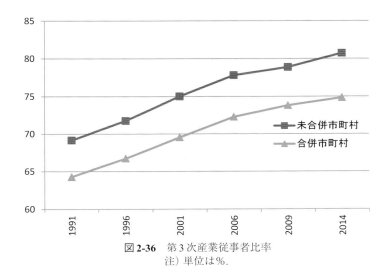

図 2-36　第3次産業従事者比率
注) 単位は%.

れない．したがって，基本的に事業所比率と同じ結果となっている．

このように，15歳未満人口比率，15～64歳人口比率は，2015年には合併市町村の方が未合併市町村よりも小さくなるなど，合併市町村における減少幅が大きく，合併市町村では少子高齢化が進んでいると考えられる．また純移転比率は合併市町村で負で，未合併市町村では正であることから，純流入人口の減少が少子高齢化傾向を高めているかもしれない．経済面では，合併市町村は所得水準が低いが，失業率も低く，第2次産業割合が高いことから，地方部の第1次産業が盛んな市町村が多いと考えられる．

2.4　合併と公共サービス供給

最後に，公共施設等，住民サービスと関連する指標の変動について考察する．図2-37は，人口1万人当たり公民館数である．元々合併市町村の方が公民館数が多いが，2002年以降未合併市町村と比べて相対的に減少傾向にある．そのため，合併により合併市町村では公民館の統廃合などが進んでいる可能性がある．

図2-38は，人口1万人当たりの図書館数である．1993年には未合併市町

41

第 I 部　合併の背景と現状

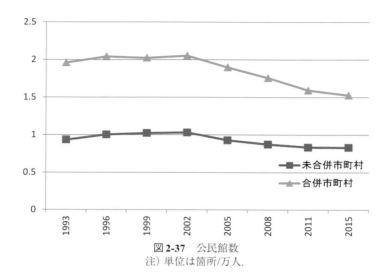

図 2-37　公民館数
注) 単位は箇所/万人.

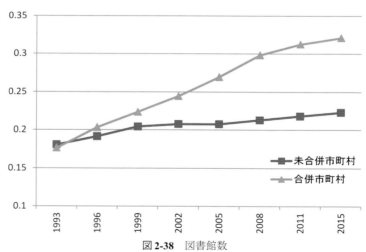

図 2-38　図書館数
注) 単位は箇所/万人. 一部の市区町村でデータに欠損があるが，それらは計算から除外している.

2章　市町村合併の財政状況，社会人口動態と公共サービスへの影響

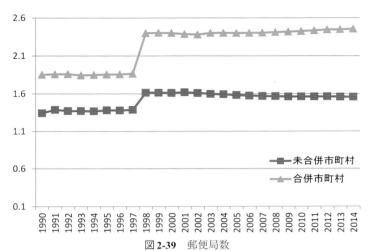

図2-39　郵便局数

注）単位は箇所/万人．1997年までは町村を除いた値で，98年以降はすべての市町村が含まれている．

村の方が数が多かったが，その後合併市町村で相対的に増加傾向にあり，2002年から2005年にかけて箇所数が急増している．合併により，むしろ図書館数が増えている可能性がある．通常合併により施設の統廃合等が進み，図書館等は減少すると考えられるが，実際には全く逆の動きが表れている．

図2-39は，人口1万人当たり郵便局数である．1998年以降，統計に町村も含まれたことから急激に変動している．合併市町村の方が郵便局数が多く，2003年辺りから合併市町村において郵便局数が微増しているものの，未合併市町村では減少傾向にある．これは，合併により，合併市町村への郵便局の移転，統廃合などが進んだためかもしれない．

図2-40は，都市公園数である．もともと未合併市町村よりも合併市町村の方が少なかったが，2003年から2007年にかけてその差が小さくなった．合併を契機とし，合併特例債等の財政措置を用いて公園を整備したためと考えられる．

図2-41は，人口1万人当たりの病院数である．合併市町村の方が未合併市町村に比べて数が多いが，2002年以降未合併市町村において減少幅が大き

43

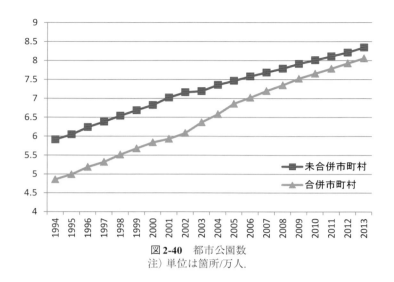

図 2-40　都市公園数
注）単位は箇所/万人．

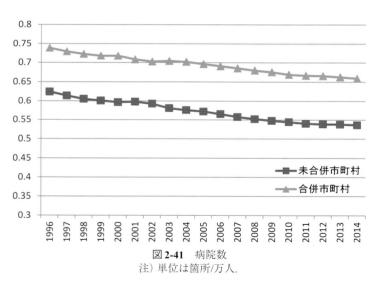

図 2-41　病院数
注）単位は箇所/万人．

2章　市町村合併の財政状況，社会人口動態と公共サービスへの影響

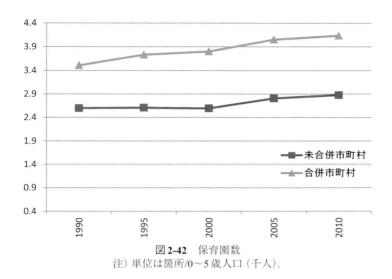

図 2-42　保育園数
注）単位は箇所/0〜5歳人口（千人）．

くなったことにより，その差が拡大している．近年の財政的な窮乏を背景として，合併後，病院が未合併市町村から合併市町村に移転した可能性も考えられる．

　図2-42は，5歳以下人口に対する保育園数である．合併市町村において数が多いが，その傾向は変わらず，特に合併の影響は見られない．

　図2-43は，保育園待機児童割合である．もともと合併市町村の方が割合は小さく，特に2005年から2010年にかけてその差が大きくなっている．合併市町村において保育園等の融通が効率的にできるようになったため，待機児童が減少した可能性が考えられるだろう．

　図2-44は，65歳以上人口に対する老人介護施設数である．もともと合併市町村の方が老人介護施設は多かったが，2005年から2010年にかけてその差が拡大している．合併市町村において，老人介護施設増設や充実が図られている影響かもしれない．

　図2-45は，小学校における教師1人当たりの生徒数である．もともと合併市町村において生徒数は少ないが，1997年から2007年にかけてその傾向は強まっている．明確な合併の影響は，見受けられない．

第Ⅰ部　合併の背景と現状

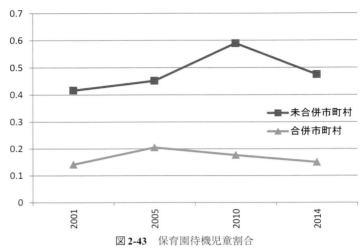

図 2-43　保育園待機児童割合
注）待機児童数/0〜5歳人口．単位は％．2001年の0〜5歳人口は2000年の値を使用．2014年の0〜5歳人口は2015年の値を使用．

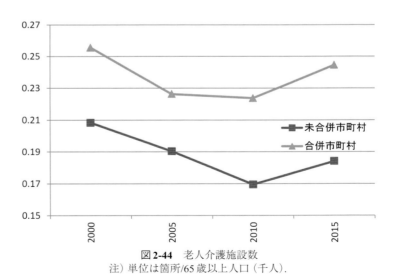

図 2-44　老人介護施設数
注）単位は箇所/65歳以上人口（千人）．

2章　市町村合併の財政状況，社会人口動態と公共サービスへの影響

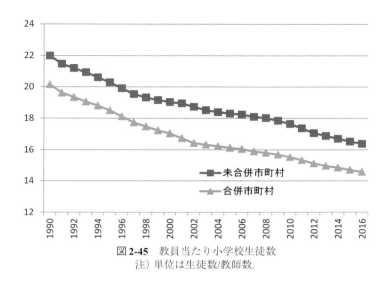

図 2-45　教員当たり小学校生徒数
注）単位は生徒数/教師数．

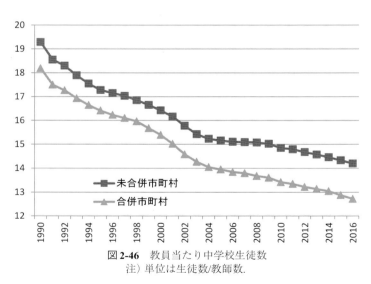

図 2-46　教員当たり中学校生徒数
注）単位は生徒数/教師数．

第 I 部　合併の背景と現状

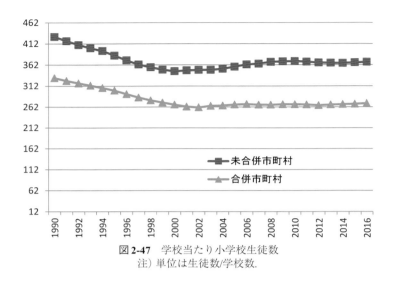

図 2-47　学校当たり小学校生徒数
注）単位は生徒数/学校数.

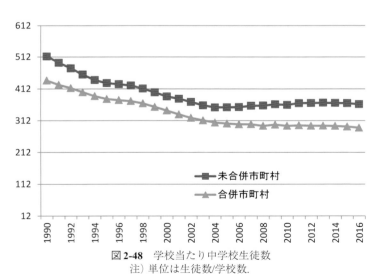

図 2-48　学校当たり中学校生徒数
注）単位は生徒数/学校数.

2章　市町村合併の財政状況，社会人口動態と公共サービスへの影響

　図2-46は，中学校における教師1人当たりの生徒数である．合併市町村において生徒数は少なく，長期的にその傾向は続いている．また，2002年から2006年の間，合併市町村において減少幅が相対的に大きいことから，合併により合併市町村の教師当たり生徒数が減少していることが分かる．

　図2-47は，小学校当たり生徒数であるが，未合併市町村の方が生徒数が多い．2002年から2008年にかけて，未合併市町村では生徒数が増えているが，合併市町村ではほとんど横ばいで，格差が拡大している．またその後も格差は変わっておらず，合併市町村において学校の統廃合が行われて効率化が実現できているようには見えない．

　図2-48は，中学校当たり生徒数である．合併市町村において生徒数は少ないが，特に2002年から10年の間に，合併市町村において減少幅が相対的に大きく，その後も同様の傾向が続いている．合併による効率化よりも，むしろ合併市町村では中学校の統廃合が進まず，非効率に学校が存続している可能性が考えられる．

　全体として，合併によって公共施設や郵便局，病院，小中学校などの数は減少しておらずむしろ増加しており，合併による公共住民サービスの低下は特に見受けられない．特に，郵便局，病院などは合併後，合併市町村に移転，集約された可能性もある．そのため，合併による統廃合と効率化は進んでいないと言えよう．

第II部

どのような市町村が合併しているのか

3章 合併の経済理論[2]

3.1 はじめに

　市町村合併は，地方財政理論の財政分権化の議論と密接にかかわっており，財政分権化の理論分析枠組みが合併の理論分析でも援用されている．また，地方政府の統合・分離は，地方政府だけではなく国家の統合・分離，つまり国家の規模を決定するための理論分析でも用いることができる（Alesina and Spolaore 2003）．本章では，市町村合併のインセンティブに関する実証分析の理論的基礎となる理論モデルを紹介する．

　既存の理論研究により，地方政府の統合・分離にはそれぞれメリット・デメリットがあることが知られている．地方政府の統合には，規模の経済による費用削減，地方公共財の外部性の内部化といったメリットが知られている．一方で，地方政府の分離のメリットとして，地方公共財への選好の異質性に対応できる，多くの地方政府が存在することによる地方政府間競争が挙げられている．したがって，地方政府の統合と分離にはそれぞれにメリット・デメリットがあり，トレードオフが存在する（Alesina and Spolaore, 1997; Bolton and Roland, 1997）．メリットとデメリットを比べて，メリットが大きい制度を選択する必要がある．最近の研究では，統合・分離の選択に，政府間財政移転が与える影響（Dur and Staal, 2008），合併市町村の規模の相違が与える影響（Ellingsen, 1998），政治経済的状況が与える影響（Lockwood, 2002）などを組み入れたモデルも分析されている．

---

[2] 本章はMiyazaki（2014）の第3章に基づいている．

51

第Ⅱ部　どのような市町村が合併しているのか

　次節以降では，市町村合併のインセンティブに関する実証分析（第4章）
の基礎となる，基本的な理論モデルを紹介する．

3.2　モデル

　2つの地方政府からなる国を考える．2つの地方政府は人口サイズについ
て異なっているほか，住民は異なった公共財選好を持ち，所得水準も異なっ
ている．地方政府 i の人口は，n_i（$i = |1, 2|$）とする．地方政府1は地方政府
2よりも大きい．つまり，$n_1 > n_2$ である．個人は地域間を行動できず，また，
1地域内において，選好と所得は同質であるとする．

　2つの政府形態を想定する．「分離」の下では各地方政府が公共財の水準を
決定し，公共支出は各市町村の住民への所得税によって賄われる．「統合・
合併」の下では，公共財の水準と所得税率はすべての関係市町村で一律であ
る．合併は両方の地方政府によって承認されなければならず，ある地方政府
の住民は，彼らの効用水準が合併の下よりも分離の下でより大きいならば，
合併を拒否することができる．政治過程の想定から，各市町村の中位投票者
が意思決定者となり，効用水準は結果としてこの政治意思決定者によって最
大化される．

　モデルは2期間である．第1期に合併の意思決定が住民によってなされ，
第2期に各地方政府は公共財水準を決定し，税率を中位投票者の効用を最大
にするように決定する．

　地方政府 i の個人の効用関数は以下の通りである．

$$U_i = \theta_i \ln g_i + x_i, \tag{3-1}$$

ここで θ_i は公共財 g_i に対する先行パラメーターであり，x_i は民間財消費で
ある．個人の制約式は

$$x_i = (1 - \tau_i) y_i, \tag{3-2}$$

ここで τ_i は所得税率を，y_i は個人の所得を表す．各市町村に住む個人は，
公共財への選好と初期所得の水準で特徴付けられる．

　各政府は個人に所得税を課し，その収入を公共財購入の費用を賄うために

52

用いる．地方公共財をg_i単位供給するのに掛かる総費用は，$c(n_i) \times g_i$．ここで，$c(n_i)$は公共財を供給するために掛かる単位当たりコストである．単純化のために，$c(n_i)$は各地域の住民の数にだけ依存し，人口規模に関して減少であると仮定する；$c'(n_i) < 0$．この性質は公共財供給に関する一種の規模の経済を想定しており，合併，特に小さい地域の合併，では規模の経済により費用の削減を実現できることを表している．

分離の下では地方政府の予算制約式は

$$c(n_i)\, g_i = \tau_i n_i y_i. \tag{3-3}$$

合併の下では政府の予算制約式は，

$$2c(n_1 + n_2)\, g = \tau\,(n_1 y_1 + n_2 y_2). \tag{3-4}$$

合併地方政府は，両地域に同じ水準の所得税を課し，地方公共財の供給量も政府間で同じである．

3.3 公共財供給と投票行動

最初に，分離を仮定する．地方政府iにおける中位投票者は予算制約（3-2）と（3-3）の下でτ_iとg_iに関して（3-1）を最大化する．均衡支出水準は，以下の1階条件によって与えられる．

$$g_i = \frac{\theta_i n_i}{c(n_i)}. \tag{3-5}$$

明らかに，公共財に対する高い選好と人口の増加は公共財水準の増加をもたらす．

もし2地方政府が合併し，公共財を協力して供給するなら，地方政府1の住民が大多数となり，新しい市町村において中位投票者を構成する．中位投票者は，個人と政府の予算制約（3-2）と（3-4）の下で，効用を最大化するように所得税τと公共財gを決定する．したがって均衡における公共財は，

第II部　どのような市町村が合併しているのか

$$g = \frac{\theta_1 \bar{n}\,\bar{y}}{c(n_1 + n_2)y_1}, \tag{3-6}$$

　ここで$\bar{n} = (n_1 + n_2)/2$は地方政府あたり人口，$\bar{y} = (n_1 y_1 + n_2 y_2)/(n_1 + n_2)$は合併後地域の所得1人あたり所得である．

　式（3-6）にあるように，地方1の公共財への需要が高い場合，地方1の住民が公共財水準を決定することから，合併政府における公共財水準も高くなる．また，$\bar{n}$と$\bar{y}$が大きい場合，合併後の課税ベースが拡大することから，gも大きくなる．また，総人口は規模の経済の大きさにも影響を与え，総人口が大きくなるほどgは大きくなる．

　分離と合併の下での中位投票者の効用を比べることで，各地方政府における住民が合併に賛成するのかを決定することができる．分離の下での中位投票者の効用U_i^{sep}は効用関数に式（3-5）を代入することで得られる．同様に，合併均衡における中位投票者の効用，U_i^cは，効用関数に式（3-6）を代入することで得ることができる．

　地方政府iにとっての合併からの効用増加分は次のように表すことができる．

$$\Delta U_i = U_i^c - U_i^{sep}$$
$$= \theta_i \left\{ \ln \frac{c(n_i)}{c(n_1 + n_2)} - \ln \frac{n_i}{\bar{n}} - \ln \frac{y_i}{\bar{y}} + f\left(\frac{\theta_1}{\theta_i} \frac{y_i}{y_1} \right) \right\}, \tag{3-7}$$

　ここで，$f(z) = \ln z - (z-1)$である．式（3-7）は合併の利益を表している．合併の利益は，公共財を供給することのコストにおける差にまず反映される．また，課税ベースにおける差，つまり平均人口と人口及び平均所得と所得の差にも反映される．また，合併の意思決定は選好と中位投票者との所得の差にも反映される．

　式（3-7）の第1項は，分離の下での限界費用と合併の下での限界費用の差であり，この項は合併による規模の経済効果を表している．人口における大きな差は，効率性向上の観点から合併のインセンティブを高める．ここで，$n_1 > n_2$より，人口が少ない政府はより合併しやすいと考えられる．

（3-7）の第2項は人口における課税ベース効果を表しており，これは人口の変動から生ずる課税ベースの変化である．ここでもし n_j $(j \neq i)$ が増加するのであれば $\bar{n}$ が増加し，合併後の1人あたり課税ベースが地域 i において相対的に高まることから，地域 i の合併インセンティブが高まることとなる．人口における課税ベース効果において，合併後の平均人口が合併前の人口 n_i よりも大きければ大きいほど，合併後の人口による課税ベースの効果が大きいため地域Iは合併をより選好することとなる．

式（3-7）の第3項は1人あたり所得における課税ベース効果である．この効果は1人あたり所得，つまり平均所得の変動を通した課税ベースの変化を反映している．合併後地方政府における1人あたり所得が地方政府 i における1人あたり所得よりも相対的に大きければ大きいほど，合併のインセンティブは高まる．

式（3-7）の第4項は，合併地方政府の中位投票者に関する2つのタイプのインセンティブを示している．一つは合併後地方政府で大多数になることからの効用増加分であり，もう一つは地方政府間における選好と効用の差から生じる効用損失である．ここで関数 $f(z)$ は強く凹であり，f の定義から $i=1$ のときには $f=0$ である．また，$y_1 = y_2$ で $i=2$ のときには，θ_1 と θ_2 の差が大きければ大きいほど f は減少することが分かる．すなわち，選好の異質性が大きくなればなるほど，合併のインセンティブが小さくなることが分かる．また，$\theta_1 = \theta_2$ で $i=2$ のとき，y_1 と y_2 の差が大きくなればなるほど f は減少することから，所得水準の格差が広がれば広がるほど合併インセンティブが小さくなる．

3.4 政府間財政移転と合併

次に，政府間財政移転が地方政府による合併のインセンティブに与える影響を調べる．政府間財政移転は，分離の下では地方政府 i への一括移転，T_i，として想定される一方，合併の下では，合併政府への政府間移転は2つの地方政府への移転の合計 T $(=T_1+T_2)$ と仮定する．一括移転は人口や公共支出から独立である．それぞれの政府の予算制約式は次のように記述される．分離の下では

第Ⅱ部　どのような市町村が合併しているのか

$$c\,(n_i)\,g_i = \tau_i n_i y_i + T_i$$

で，合併の下では

$$2c\,(n_1 + n_2)\,g = \tau\,(n_1 y_1 + n_2 y_2) + T$$

である．

　したがって，地方政府 i にとっての合併からの効用獲得は次のように修正される．

$$\Delta U_i + \frac{n_i y_i T_j - n_j y_j T_i}{n_i\,(n_1 y_1 + n_2 y_2)} \qquad \text{for } i \neq j. \tag{3-8}$$

式（3-8）の分子の第1項は，合併の下での一括移転からの地方政府 i における効用獲得を表している．この結果は，合併の下では地方政府 i は地方政府 j の移転の一部を得ることができるという事実から得られている．一方，式（3-8）の分子の第2項は，地方政府 i が合併したときに負うべき効用損失を表している．合併後地方政府 i の移転 T_i は地方政府 j とシェアされ，そのため地方政府 i の合併意欲を減退させる．

　政府間財政移転の合併インセンティブへの影響は，特定化できない．式（3-8）にあるように，地方政府 i にとっての合併からの効用獲得は人口，中位所得及び一括移転の相対的な大きさに依存する．人口を除いて，所得と移転の地方政府 i と j の相対的な大きさは仮定されていない．そのため，一括移転が存在するときに合併からの効用増加が存在するかどうかを明確に判断することはできない．しかし式（3-8）から，地方政府 j への移転を増加させることによって地方政府 i の合併インセンティブが高まり，反対に地方政府 i へのトランスファーが大きくなると地方政府 i の合併インセンティブは減少することが分かる．

3.5　結論

　本章では，地方財政の財政分権化に関する理論モデルを基にして，地方政府の合併・分離に関する理論分析を行った．地方政府や国家の規模を決定す

る理論研究では，統合と分離にはそれぞれメリット・デメリットがあること
が明らかになっているが，本研究でも基本的に同様の結果を得た．分析の結
果，人口規模が小さいほど規模の経済による効率化向上が大きく，人口規模
と一人当たり課税所得が大きいほど課税ベース効果が大きく，地域間の選好
の異質性が小さいほど，合併のインセンティブが高くなることが分かった．
ほかにも，自地域の政府間補助金が高く，他地域の補助金が低い場合には，
合併意欲が低くなることもわかった．

　第4章では，こうした理論分析から得られた仮説を検証する形で，住民投
票データを用いた実証分析を行う．

4章　合併のインセンティブに関する実証分析

4.1　はじめに

　3章で議論したように，どのような市町村が合併を志向するのかに関して，
財政分権化の視点から多くの理論研究が行われてきた．一方，1980年代以降，
地方政府の効率化等を目的としてヨーロッパ諸国を中心に多くの国で市町村
合併が実施されてきた．本章では，日本の平成の大合併を対象に，合併に関
して行われた住民投票データを用いてどのような市町村が合併のインセン
ティブを持っていたのかに関する実証分析を行う．

　これまで，理論モデルに基づいていくつかの実証分析が行われてきた．
Austin（1999）は1950年代のアメリカの市のデータを用いて合併のインセン
ティブに関する実証分析を行い，追加的な課税ベースの影響は除く経済的要
因や人種的要因が都市に郊外との合併を促すことを明らかにした．一方，
Brasington（1999）は，オハイオ州の299の学校区データを用い，異なったサ
イズの学校区ほど合併するインセンティブが高いことを示した．Brasington
（2003a, 2003b）は，様々な社会経済及び人口的要因が学校区の学校に及ぼす
影響を推計し，規模が大きいか小さい地域及び所得水準と人種構成が似てい
る地域ほど合併する傾向にあることを明らかにした．

　これらの研究では，合併するかしないかに関する1変数を従属変数とした
ロジットモデル，具体的には2変量ロジットモデルによる推計を行ってきた
が，これらの分析手法には問題があることが知られている．なぜなら，2地

第 II 部 どのような市町村が合併しているのか

方政府による合併の場合，合併が行われた場合には政府が両方とも合併を望んでいたことが分かるが，合併が成立しなかった場合，少なくとも１つの政府が合併に反対したことは分かるが，どちらの政府が合併に反対だったのか，もしくは両政府とも合併に反対であったのかはわからない．また２値変数では，各政府，各市町村の住民がどの程度合併に対して強い選好を持っているのかわからない．こうした合併に関する市町村の選好に関する情報の欠如によるコストは高いことが指摘されている（Meng and Schmidt, 1985）.

　本研究の最も大きな貢献は，こうした地方政府の選好に関する問題を有する合併及び未合併の２値変数による推計ではなく，合併に関する住民投票における賛成率という連続変数を用いた推計を行う点である．こうした合併に伴う問題点に対処した研究も行われている．Gordon and Knight（2009）はこうした２値変数での推計に伴う欠点を避けるため，政治的統合に焦点を当てた空間的合併推定の計量モデルを開発した．具体的には双方向意思決定，多くの潜在的な合併パートナー，空間的独立を容認するモデルにおいて推計を行い，収入及び財政的インセンティブと規模の経済が合併を促進するのに重要な役割を果たすことを示している．ただし，こうしたマッチング理論に基づく構造推定では，合併は基本的に２政府によるものであることが想定されている．つまり双方向マッチングゲームであることが想定されており，日本の市町村合併のように複数の市町村が合併するケースには対応できない．

　Brink（2004）は市町村の分離に関する投票データを用い，市町村の境界変更に関するインセンティブを推計している．ただし，この研究では合併ではなく市町村の分離を対象にしていること，スウェーデンの境界変更を対象としているが観測値が24しかないこと，サンプル期間が1978年から1999年と長期にわたっていることから，地方政府の合併に関する研究としては若干不十分な点がある．

　本研究は大規模，少なくとも300以上のケースを対象とした地方政府の合併インセンティブに関する投票データを用いた推計である点で，既存の研究とは異なる，ユニークな研究となっている．本研究はMiyazaki（2014）を基にしているが，サンプルを2009年まで拡張したほか，新たな説明変数を追加した推計を行っている．

4.2 実証モデル

既存の実証研究では，合併の意思決定は実証分析において効率性向上（efficiency gain），課税ベース効果，規模効果，選好の一致性及び財政的要因に回帰すべきであると提案している．そこで本研究では，従属変数である合併賛成率をこれらの要因に回帰した推計を行う．推計式は以下の通りである．

$$REFERENDUM_{it} = \alpha + \gamma DIF\_COST_{it} + X_i\,\beta + pref_i + year_t + \varepsilon_{it}$$

ここで，iは市町村，tは年を表すインデックスである．ただし，バランスド・パネルデータにはなっていないため，推計は分散不均一一致最小2乗推計で行う．DIF_COSTは予測される費用の差であり，この変数で効率性向上を説明する．

効率性向上は市町村合併に伴う規模の経済による費用削減効果である．日本では1人当たり歳出はU字型をしており，多くの場合，合併により費用削減効果が見込まれている．そこで，この研究では2000年における市町村データを用いて費用関数を推計してから，合併前と合併後の予測値の差により効率性向上を計算する．推計式は以下の通りである．

$$\log C_i = \alpha + \beta \log POP_i + \gamma \log POPSQ_i + city_i + \varepsilon_i$$

ここでCは1人当たり歳出を，POPと$POPSQ$は人口と人口の2乗を表している．$city$は市ダミーであり，εは通常の誤差項である．係数βが負であり，係数γが正であるなら，一般的に合併による規模の経済が存在することが期待される．この推計された係数から合併前市町村における1人当たり歳出の予測値及び合併後市町村における1人当たり歳出の予測値を計算し，この予測値の差を合併による効率性向上の効果つまり，DIF_COSTとする．

Xには，その他の説明変数が含まれている．まず，課税ベース効果は理論モデルで示されたように，1人当たり所得による効果と，人口による効果に分けられる．したがって，説明変数として，合併前後の人口の差分と合併前後の1人当たり課税所得の差分に分解される．一般的に，合併前人口及び1人当たり課税所得が多い自治体は合併インセンティブが弱くなることが既存

第II部　どのような市町村が合併しているのか

の研究から知られている．したがって，予想される係数は負である．

　一方，規模効果は合併前市町村の人口の合併後市町村の人口に対するシェア及びその2乗で表される．既存の研究では規模の大きい自治体と小さい自治体が高い合併インセンティブを持つということが知られている（Ferris and Graddy, 1988；Brasington, 1999）．一般的に，他の自治体に比べ規模が大きい自治体は合併後中心的な役割を担い主導権を握れることから，合併インセンティブが高いと考えられる．もし先行研究のように規模が小さい市町村と大きい市町村が合併インセンティブを持つのであればシェアとシェアの2乗はU字型になり，その係数はシェアは負，シェア2乗は正となるはずである．

　また既存の研究で示されているように，選好の異質性も合併からの厚生獲得に影響を及ぼす．選好の異質性に関わる代理変数として，外国人比率，65歳以上人口比率，及び失業率を用いる．外国人比率の合併前後における差は人種構成の違いを，65歳以上人口比率の差は年齢構成の違いを，失業率の差は経済環境の違いを説明する．一般的に選好の異質性が大きい，つまり合併前後で大きく選好の差が異なる場合には合併インセンティブが弱くなると考えられる．そこで，これらの変数の差の絶対値を説明変数に入れる．経済状態についてはなるべく大きい方が好ましいことから，絶対値ではなく単純に差を取り係数は正と予想する．つまり，失業率が高い地域ほど，合併のインセンティブが高いと想定する．

　他にも公債発行に関するコモンプール問題を説明するため，累積債務残高の差を説明変数に加える．既存の研究で示されているように，合併に伴うフリーライダー問題を説明する目的で変数に加える．また，政府間財政移転に関しては財政移転が一括であると仮定すると，財政移転額の大きい自治体ほど合併インセンティブが弱くなるということが理論分析から明らかとなっている．そこで，特定補助金（国庫支出金＋都道府県支出金）の差と一般補助金（普通交付税）の差を説明変数に入れる．

　最後に，合併に関する住民投票の変数であるが，この変数は合併相手が特定され，その相手との合併に賛成するか否かがパーセンテージで得られた投票の結果のみを用いる．住民投票の議題として，合併に関する賛否及び合併協議会の設置に関する賛否を対象とした投票のみを採用する．住民投票の

4章　合併のインセンティブに関する実証分析

表4-1　投票の内容で分類した住民投票の数，2002-2005年

(1) 合併の賛否	259
(2) 合併協議会の設置に関する賛否	73
(3) 合併のフレームワークについて	67
(4) 合併相手が特定されていないケース	8
(5) 住民投票が無効	16
(6) その他	3
(1) + (2)	332
総計	426

注) Miyazaki (2014) の Table 1.

データは総務省が公開している合併デジタルアーカイブ (http://www.gappei-archive.soumu.go.jp/search/) において住民投票が行われた市町村を対象としている．ただし，このホームページでは合併が実現した場合の住民投票しか載せていないため，合併が実現しなかった場合については合併協議会のホームページ各自治体やニュース記事などを参照し，データを集めた．

4.3　データ

　本研究では2002年から2009年までに実施された合併に関する住民投票のうち，合併に対しての賛成割合が分かる329のケースをサンプルとする．表4-1は住民投票をその性質別に分離したものである．1行目にあるように，合併への賛否に関するものが圧倒的に多くの割合を占めている．一方，2行目にあるように，合併協議会の設置の賛否に関する投票も数多く行われている．その他，合併の枠組みや合併対象が特定化されていないケースなどもある．また，5行目にあるように，投票率の要件を満たせないために投票が失敗したケースもある．なお，本研究では1行目，2行目のみを分析の対象とし，いくつかの外れ値を除いた上で推計を行った．

　表4-2は，記述統計量である．ここでは，合併前と合併後に分けて記述統計量を示している．合併の賛成率であるが，表にあるように平均52％であり，ほぼ平均的には半々であることが分かる．ただし，最小値は9％，最大値は87％で，ばらつきが大きいことも確認できる．1人当たり歳出の予測値であるが，合併前は395であったものが，合併後は284であり，合併後は費用が

61

表4-2 記述統計量

	合併前市町村					合併後市町村				
	平均	標準偏差	最大値	最小値	観測値数	平均	標準偏差	最大値	最小値	観測値数
合併賛成率	51.5634	15.01195	86.6	9.4	329					329
△COST	394.9514	141.923	3881.811	233.1909	329	284.2096	55.87772	676.4633	226.5292	329
△人口	19951.54	26348.95	214994	531	329	169427	199251.8	1244321	5749	329
△1人当たり課税所得	3279.663	419.2602	4163.581	2342.179	329	3352.533	358.2786	4080.353	2432.464	329
人口シェア	11.77589	13.32974	81.77858	0.406536	329					329
△外国人比率, 絶対値	0.626609	0.589349	6.685552	0	329	0.784412	0.697518	7.044457	0.06702	329
△65歳以上人口比率, 絶対値	18.2522	6.225914	46.73035	9.323967	329	17.19427	5.930858	36.74385	2.011378	329
△失業率	4.473889	1.201786	11.25251	0.689655	329	4.584185	1.080497	11.47483	1.148268	329
△1人当たり累積債務残高	408.2586	271.3041	3296.015	88.99385	329	423.2902	204.6457	1816.304	212.2731	329
△1人当たり特定補助金	46.12162	34.255	564.167	15.96281	329	48.88378	23.21502	370.3627	22.20931	329
△1人当たり一般補助金	91.31194	97.80059	1316.143	1.983095	329	74.32075	73.99669	523.1087	2.522472	329

注) 合併賛成率の単位はパーセント．COST の単位はレベル．人口の単位は人．1人当たり課税所得の単位は千円/人．人口シェアの単位はパーセント．外国人比率の単位はパーセント．65歳以上人口比率の単位はパーセント．失業率の単位はパーセント．1人あたり累積債務残高，1人あたり特定補助金，1人あたり一般補助金の単位は千円/人．

4章　合併のインセンティブに関する実証分析

表4-3　合併のインセンティブに関する推計

	(1)	(2)	(3)	(4)
△COST	0.010**	0.010**	0.011**	0.010**
	(0.005)	(0.004)	(0.004)	(0.005)
△人口	0.000	−0.000	−0.000	0.000
	(0.000)	(0.000)	(0.000)	(0.000)
△1人当たり課税所得	−0.005	−0.006	−0.007	−0.006
	(0.006)	(0.006)	(0.006)	(0.006)
人口シェア	−0.441**	−0.358*	0.014	−0.432**
	(0.204)	(0.215)	(0.067)	(0.196)
人口シェア2乗	0.006**	0.005**		0.006**
	(0.002)	(0.003)		(0.002)
△外国人比率，絶対値	0.702		0.690	0.433
	(1.160)		(1.161)	(1.136)
△65歳以上人口比率，絶対値	0.435		0.468	0.392
	(0.282)		(0.286)	(0.276)
△失業率	3.091***		2.730**	2.835**
	(1.098)		(1.121)	(1.093)
△1人当たり累積債務残高	0.005	0.006	0.006	0.005
	(0.005)	(0.005)	(0.005)	(0.005)
△1人当たり特定補助金	−0.055	−0.075**	−0.057*	−0.051
	(0.034)	(0.038)	(0.033)	(0.033)
△1人当たり一般補助金	−0.027*	−0.027*	−0.027*	−0.030**
	(0.015)	(0.015)	(0.016)	(0.015)
都道府県ダミー	Yes	Yes	Yes	Yes
年ダミー	Yes	Yes	Yes	No
観測値数	329	329	329	329
R2	0.147	0.129	0.132	0.148

注) 従属変数は合併賛成率．＊は10%，＊＊は5%，＊＊＊は1%で有意であることを示す．
　　括弧内は分散不均一一致標準誤差．

大きく削減されることが分かる．人口も合併前は約2万人だったが，合併後は約12万人と，大幅に増加している．一方，1人当たり課税所得は合併前には328万円だったものが，合併後335万円と若干上昇している．外国人比率は若干上昇するものの，65歳以上人口比率は合併後減少している．失業率も合併後上昇しているが，その差は微小である．また，1人当たり累積債務残高，1人当たり特定補助金は合併後増加するものの，1人当たり交付税は合併後減少することも分かっている．

第II部　どのような市町村が合併しているのか

表4-4　合併のインセンティブに関する推計，頑健性の確認

	(1)	(2)	(3)	(4)
△COST	0.011**	0.010**	0.010**	0.010**
	(0.005)	(0.005)	(0.005)	(0.004)
△人口	−0.000	0.000	0.000	0.000
	(0.000)	(0.000)	(0.000)	(0.000)
△1人当たり課税所得	−0.005	−0.005	−0.005	−0.006
	(0.006)	(0.006)	(0.006)	(0.005)
人口シェア	−0.456**	−0.425**	−0.413**	−0.407**
	(0.201)	(0.206)	(0.203)	(0.183)
人口シェア2乗	0.006**	0.006**	0.005**	0.005**
	(0.002)	(0.002)	(0.002)	(0.002)
△外国人比率，絶対値	0.739	0.773	0.685	0.686
	(1.200)	(1.201)	(1.154)	(1.036)
△65歳以上人口比率，絶対値	0.492*	0.425	0.418	0.422*
	(0.282)	(0.281)	(0.282)	(0.254)
△失業率	3.173***	3.213***	3.017***	3.109***
	(1.075)	(1.095)	(1.093)	(1.017)
△1人当たり累積債務残高	0.004	0.004	0.005	0.006
	(0.005)	(0.005)	(0.005)	(0.004)
△1人当たり特定補助金	−0.055*	−0.056	−0.060*	−0.066**
	(0.032)	(0.034)	(0.034)	(0.033)
△1人当たり一般補助金	−0.025	−0.025	−0.027*	−0.027*
	(0.015)	(0.015)	(0.015)	(0.014)
新設ダミー	4.927**			
	(2.155)			
合併投票ダミー		3.556		
		(2.301)		
中心地ダミー			20.042*	20.448**
			(10.866)	(9.698)
Observations	329	329	329	329
R2	0.157	0.150	0.150	
Log Likelihood				−1292.246

注）従属変数は合併賛成率．＊は10%，＊＊は5%，＊＊＊は1%で有意であることを示す．
括弧内は分散不均一一致標準誤差．（4）は両側切断トービット推計の結果．

　このように合併により1人当たり歳出が大きく減少するほか，人口が大幅に増加するなど大きな変動があるが，そのほかの変数についてはそれほど大きな変動は見られない．

4章 合併のインセンティブに関する実証分析

4.4 分析結果

　表4-3は，推計結果である．（1）は基本となる推計であり，（2）は選好に関する変数を除いた結果である．（3）では，先行研究で人口シェアの2乗を入れない推計が行われていることから，2乗項を入れなかった推計である．（4）は，年ダミーを入れない推計である．全ての推計において，合併による効率性向上は正で有意となった．したがって，合併による規模の経済による費用削減効果は，合併インセンティブを高めることが明らかとなった．課税ベース効果については，有意な結果は得られなかった．一方，規模効果に関しては人口のシェアの係数が負で，その2乗が正になったことから，規模が小さいか大きい市町村で合併のインセンティブが高いことが分かった．（3）にあるように，2乗項を除いた場合には有意な結果とならず，賛成率が人口シェアに対して線形ではなく，U字型をしていることを示している．なお，選好に関する変数の中では失業率が正で有意となり，失業率が相対的に高い自治体ほど合併のインセンティブが高いことが分かった．財政変数は強く有意な結果にはなっていないが，1人当たり一般補助金（普通交付税）が多い自治体は合併インセンティブが弱いことが分かった．したがって，概ね理論と整合的な結果となり，特に効率性向上に関しては強く有意な結果が得られた．

　表4-4は，頑健性を検証した分析の結果である．（1）は，合併後市町村が新設になるかどうかに関するダミー変数が与える影響を考慮した推計である．（2）は合併に関する投票であるか，それとも合併協議会の設立に関する投票であるかを区別した，合併に関する投票のとき1を取るダミー変数を入れた推計である．（3）は，編入合併の場合，合併後に中心部となるかどうかに関するダミー変数を入れた推計の結果である．一般的に，合併後中心地になる場合には合併のインセンティブが高くなると考えられることから，この変数を用いた．（4）は合併賛成率の変数が上下において打ち切りとなる分布となる可能性を考慮し，上下のセンサリングを考慮したトービット推計の結果である．

　表4-3の結果と同様に，合併の効率性向上効果は正で有意であり，係数の値もほとんど同じである．課税ベース効果は有意とならなかった．規模効果

第II部　どのような市町村が合併しているのか

については，人口のシェアが負で有意，人口シェアの2乗が正で有意であり，
U字型となることが示された．失業率も，正で有意な結果となった．一方，
補助金の影響について，特定補助金は負で有意となるケースがある一方，一
般補助金である交付税は負ではあるが有意性が著しく低下している．一方，
新しく追加した変数について，（1）にあるように，新設の合併市町村は合併
インセンティブが高くなっており，また（3）と（4）にあるように，編入後中
心地となるような市町村では合併の賛成率が20％も高くなることが示され
ている．これらの結果は，理論とも整合的である．頑健性の検証の結果も，
合併による規模の経済と，規模が大きいまたは小さい市町村が高い合併イン
センティブを持つことが確認された．

4.5　結論

　本章では市町村合併に関する住民投票の結果を用い，どのような市町村が
合併インセンティブを持っているのかに関する実証分析を行った．合併が成
立するか否かに関わらず，特定の市町村との合併や，特定の市町村との間で
合併協議会を設立するかどうかに関する住民投票の結果，約330を用い，合
併に関する効率性向上，課税ベース効果，規模効果，公共財に関する選好の
異質性及び財政要因が合併の選好に及ぼす影響を調べた．

　分析の結果，規模の経済による効率性向上が大きい，つまり小規模自治体
ほど合併に賛成であること，相対的に失業率が高い自治体ほど合併に前向き
であることなどが分かった．その他，新設合併自治体及び編入後中心となる
自治体ほど合併への賛成率が高いことが分かった．

　既存の研究では，合併のインセンティブに関する推計は合併したかどうか
を表す2値変数を従属変数として分析を行っていたが，こうした推計では合
併しなかった場合に，どの自治体が合併に反対だったのか特定できないとい
う問題がある．本研究では，ある自治体で実施された合併に関する住民投票
の結果を用い，これらの問題を克服した推計を行った．なお，本研究はあく
まで日本の市町村合併を対象としたものであり，今後他の国々でも同様の傾
向があるかどうかは他の国々を対象とした研究をする必要があるだろう．

第 III 部

合併が市町村の行財政運営に及ぼす影響

5 章　合併の歳出削減効果：歳出と歳出項目について

5.1　はじめに

　欧米諸国では市町村や学校区の効率化等を目的とした，地方政府の合併が
1970 年代くらいから継続的に行われてきた．2000 年代に入ってから，フィ
ンランドなどの多くの欧米諸国で地方政府の合併が実施されている．日本で
は，1999 年の旧合併特例法施行以降，2004 年，2005 年を中心として多くの
市町村が合併した．本節では市町村合併において最も重要な目的である費用
削減効果が実際に存在するのかについて，日本の市町村合併のデータを用い
て検証を行う．

　市町村合併の費用削減効果及び効率化についての実証研究は多く蓄積され
ているが，統一した結論は得られていないと言えるであろう．欧米諸国につ
いてはドイツを対象とした Blume and Blume（2007），Blesse and Baskaran
（2016），アメリカを対象とした Liner（1992），Duncombe and Yinger（2001），
Mehay（1981），Edwards and Xiao（2009），イスラエルを対象とした Re-
ingewertz（2012），オランダを対象とした Allers and Geertsema（2016），フィ
ンランドを対象とした Moisio and Uusitalo（2013），スウェーデンを対象とし
た Hanes（2015）など，多くの実証研究が蓄積されている．これらの実証研
究では合併が歳出及び費用に与える効果は負であるとする研究があるが，正
という結果を得ている研究もあるほか，費用削減効果は分からないという研
究もあり，統一した結論は得られていない．例えば，Hanes（2015）は多くの
小規模合併は費用削減効果が高いと述べているが，Reingewertz（2012）では
合併には費用削減効果があるだけではなく，サービス水準も下がらないと述

第III部　合併が市町村の行財政運営に及ぼす影響

べている．ただし，Blesse and Baskaran（2016）は強制合併は費用削減をもたらすが，自発的合併の場合の効果は分からないと主張しており，合併が費用削減効果をもたらすかはより詳細な分析が必要と考えられる．

　日本においても，合併の費用削減効果について多くの実証研究が蓄積されている．1990年代の合併を対象とした宮崎（2006）では歳出及び人件費について，短期的には増加するが，長期的には減少するという結果を得ている．広田・湯之上（2013）では短期的にも歳出は削減されるという結果を得ている．一方Miyazaki（2017）は，平成の大合併を対象にした推計から，短期的に費用は増加するが，長期的には減少するという結果を得ている．議会費への影響について，広田・湯之上（2011），山下（2015）及び伊藤（2016）が分析を行い，合併は費用削減効果をもたらすという結果を得ている．したがって，日本では主に歳出及び議会費に関する研究が多いが，歳出については短期的には効果がないが長期的には効果がある，議会費では長期的にも短期的にも合併後減少するといった統一的な見解が得られている．

　本研究では市町村合併前のデータも用い，比較的長期的なデータで合併が実際に費用削減をもたらすのかについて歳出や人件費だけでなく多くの財政項目について検討を行う．2000年から2015年までの5年毎，4期間に渡るパネルデータを用い，長期的な影響を考察する点で先行研究とは異なる．ただし，データの入手可能性の問題から，議会費，総務費，民生費，教育費については2010年，2015年のデータを用いる．また，歳出だけでなく，交付税，補助金，議会費，総務費，民生費，教育費，人件費，普通建設事業費，累積債務残高，基金残高および一般行政職員数など多くの項目について，合併による効果を検証する点もこれまでの先行研究とは異なる．

5.2　モデル

　2000年から2015年までの4期間に渡るパネルデータを用いることから，推計方法はパネル固定効果推定である．固定効果推定の推計式は以下の通りである．

$$Y_{it} = \alpha + \delta D_{it} + X_{it}\beta + c_i + year_t + \varepsilon_{it} \tag{5-1}$$

ここで i は市町村を，t は年（2000, 2005, 2010, 2015 年）を表している．Y は歳出及び歳出項目の1人当たり額の対数値である．Y として，1人当たり歳出，1人当たり普通交付税，1人当たり特定補助金（国庫支出金＋都道府県支出金），1人当たり議会費，1人当たり総務費，1人当たり民生費，1人当たり教育費，1人当たり人件費，1人当たり普通建設事業費，1人当たり債務残高，1人当たり基金残高，1人当たり一般行政職員数の対数値を用いる．また，D は合併に関するダミー変数であり，ある市町村が合併しているときには1をとる変数である．したがって，δ は合併による歳出及び歳出項目への影響を見る係数であり，一般的に政策効果を測定する係数となる．X はコントロール変数のベクトルであり，人口の対数，人口密度の対数，1人当たり課税所得の対数，65歳以上人口比率，外国人比率が含まれている．また，c は固定効果変数で，$year$ は年ダミーである．ε は通常の仮定を満たす誤差項であるが，個体間の系列相関を考慮して推計の際には，クラスター頑健な推計手法を用いる．一般的に人口や人口密度は市町村の規模が歳出の規模に与える影響をコントロールし，課税所得については地域経済の影響をコントロールするために用いられる．また，地域の社会人口要因等が政策に与える影響を考慮するため，65歳以上人口比率や外国人比率を変数として用いる．

　また，合併が歳出や歳出項目に与える影響を短期と長期に分けて累積するため，合併トレンド変数を用いた推計も行う．合併トレンド変数は $TREND$ で表され，合併2年目には1, 3年目には2というように，合併から年を経るごとに，一つずつ増加していくトレンド変数である．推計式は次のようになる．

$$Y_{it} = \alpha + \delta D_{it} + \tau TREND_{it} + X_{it}\beta + c_i + year_t + \varepsilon_{it}$$

ここで式（5-1）と異なるのは，トレンド変数 $TREND$ が含まれている点だけである．このトレンド変数は係数が正であれば合併から年を経るごとに徐々に歳出或いは歳出項目の値が大きくなることを示し，負であれば合併から年を経るごとに徐々に歳出等が減少することを表している．

　なお，合併による費用削減効果の推計で重要な点であるが，合併を経験した市町村の合併前の値については，他の合併市町村の値と集計した数値を用

第 III 部　合併が市町村の行財政運営に及ぼす影響

いる．また，合併によって消滅する市町村はサンプルに含まれていない．財政，行政の権能が異なるので政令指定都市は含めていない．他にも 2 回以上合併した市町村も分析には含まれていない．

5.3　データ

表5-1は，記述統計量である．まず左に未合併市町村及び未合併時の数値，右側に合併後の数値を載せている．1 人当たり歳出は，合併市町村よりも未合併の方が数値が小さく，他の歳出項目についても同様の傾向にある．歳入面について，1 人当たり普通交付税，1 人当たり補助金額は合併後の方が数値が大きい．1 人当たり議会費，1 人当たり総務費，1 人当たり教育費に関しても，合併後の方が大きい値となっている．1 人当たり人件費と普通建設事業費については，どちらも近い値であるが，1 人当たり累積債務残高および1 人当たり基金残高は合併後の方が大きい値となっている．

コントロール変数は，人口については想定通り合併後市町村の方がはるかに大きく，およそ 22,000 人程度の差がある．一方，人口密度は合併後市町村の方がはるかに小さく，また 1 人当たり課税所得についても合併後市町村でかなり小さい値となっている．人口密度の減少及び 1 人当たり課税所得の合併後の低下は，近年所得水準が減少し，人口も減っていることが影響していると考えられる．65 歳以上人口比率でみると，合併後において高齢化が進んでいることも見受けられる．

データの出典は以下のとおりである．歳出，歳入及びそれらの各項目の出典は毎年度の総務省『市町村決算状況調』である．説明変数の出典は，人口は総務省『住民基本台帳人口欄』，面積は総務省統計局『国勢調査報告』及び国土交通省『全国都道府県市町村別面積調』，課税対象所得と納税義務者数（所得割）は総務省『市町村税課税状況等の調』，65 歳以上人口と外国人人口は総務省統計局『国勢調査報告』の各年版である．なお，国勢調査は 5 年毎にしか実施されないため，国勢調査が実施されない年については実施される年に最も近い年の値を用いている．

5章　合併の歳出削減効果：歳出と歳出項目について

表5-1　記述統計量

	未合併市町村				
	平均	標準偏差	最大値	最小値	観測値数
1人当たり歳出	401.7363	166.4439	12804.45	181.0463	5084
1人当たり普通交付税	55.05217	78.20952	2508.033	0	5084
1人当たり特定補助金	71.2509	53.06839	9187.869	12.37279	5084
1人当たり議会費	2.819952	2.546664	99.18605	0.797325	2254
1人当たり総務費	49.13507	57.82901	8848.495	23.91292	2254
1人当たり民生費	145.619	44.70723	1956.924	63.01718	2254
1人当たり教育費	43.47642	22.01639	2137.049	0	2254
1人当たり人件費	73.11871	23.68004	1045.03	31.2664	5084
1人当たり普通建設事業費	65.46593	62.11207	9321.678	6.719767	5084
1人当たり債務残高	460.5685	271.0836	12116.58	1.481675	5084
1人当たり基金残高	73.53515	147.6807	10801.04	0.058236	5084
1人当たり一般行政職員数	0.007301	0.00249	0.155	0	5084
人口の対数	59884.25	183232	3647934	165	5084
人口密度対数	362.0608	1053.941	13527.26	1.500794	5084
1人当たり課税所得対数	2715.293	1508.205	6087.298	1.983884	5084
65歳以上人口比率	20.55764	5.395989	57.20369	0	5084
外国人比率	1.189103	0.953399	18.45392	0	5084

	合併市町村				
	平均	標準偏差	最大値	最小値	観測値数
1人当たり歳出	436.6129	145.7046	3945.064	237.8224	1614
1人当たり普通交付税	86.98617	80.86777	915.5178	1.615508	1614
1人当たり特定補助金	84.67925	53.33113	1434.42	22.79719	1614
1人当たり議会費	2.917143	1.504835	31.77759	1.184327	1094
1人当たり総務費	57.94261	43.02073	1140.381	24.48105	1094
1人当たり民生費	142.2458	45.91043	1302.985	77.33801	1094
1人当たり教育費	48.40512	17.79781	348.0412	24.29757	1094
1人当たり人件費	73.69684	20.10173	396.5509	38.78725	1614
1人当たり普通建設事業費	66.80326	46.77024	1692.97	15.61844	1614
1人当たり債務残高	496.217	209.6636	2317.588	78.05367	1614
1人当たり基金残高	96.87312	113.5266	4218.688	1.154059	1614
1人当たり一般行政職員数	0.007653	0.002296	0.04584	0.004338	1614
人口の対数	82188.8	134401.7	1392746	1178	1614
人口密度対数	234.9273	407.8901	12412.44	7.557095	1614
1人当たり課税所得対数	1974.547	1482.101	4436.548	2.133089	1614
65歳以上人口比率	24.9966	5.002515	52.41511	13.38623	1614
外国人比率	1.062899	0.866982	6.404502	0.062005	1614

注）一人当たり歳出，普通交付税，特定補助金，議会費，総務費，民生費，教育費，人件費，
普通建設事業費，債務残高，基金残高の単位は千円/人．1人当たり一般行政職員数，人
口の対数の単位は人．人口密度対数の単位は人/km². 1人あたり課税所得対数の単位は
千円/人．65歳以上人口比率・外国人比率の単位は割合.

第Ⅲ部　合併が市町村の行財政運営に及ぼす影響

5.4　推計結果

　表5-2は合併が費用削減効果に与える影響に関する固定効果推定の結果である．まず，（1）にあるように合併は1人当たり歳出を3%程度増加させる．コントロール変数を見ると，人口及び人口密度は歳出に負の影響を与えるが，課税所得水準は正の影響を及ぼす．また，65歳以上人口が多い，高齢化の進んだ市町村では，1人当たり歳出は小さい．

　政府間補助金関係については，合併により1人当たり交付税が37%増加するが，一方で補助金は合併後もあまり変化がない．歳出の各項目について，人件費は合併後2%程度増加するが，その他は有意な結果となっていないか，減少している．1人当たり議会費は，合併後30%と大幅に減少し，1人当たり総務費，1人当たり民生費，教育費は係数が負となるものの，有意な結果となっていない．また，合併後1人当たり累積債務残高は14%増加し，一方で基金は17%減少することも分かった．1人当たり一般行政職員数は約13%増加する．このことから，合併により歳出や人件費は増加するものの，各歳出項目については費用が増加するとは限らないことが示された．

　表5-3は，合併トレンド変数を考慮した推計の結果である．（1）にあるように，1人当たり歳出への効果について，合併後約8%増加するが，毎年1%ずつ減少することが示されており，約8年で合併による費用削減効果が表れてくることが分かる．合併後歳出が増加し，長期的には減少傾向にあるという結果は，（2）〜（9）までにあるように多くの歳入及び歳出項目でみられる．1人当たり普通交付税と補助金は合併後大きく増加するが，その後減少していることが分かる．歳出の各項目については，合併後に増加または減少しており，一貫した結果となっていないが，トレンド変数の係数は負で，年を経るごとに支出が減少していることが分かる．特に議会費では，合併直後28%減少した後，1年に0.8%ずつ費用が減少し，総務費は年1%減少する．人件費と普通建設事業費は合併直後増加するが，その後長期的には減少傾向にあることが分かる．ただ，どちらも削減の速度は遅く，合併後費用削減効果が表れるのは6〜8年後という非常に削減の速度が遅いことが示されている．一方，1人当たり累積債務は合併後増加し，長期的にも増加傾向である一方，1人当たり基金残高は合併後減少するが，その後毎年2.6%増加する

72

5章　合併の歳出削減効果：歳出と歳出項目について

表5-2　合併の費用削減効果の推計

従属変数	1人当たり歳出の対数 (1)	1人当たり普通交付税の対数 (2)	1人当たり特定補助金の対数 (3)	1人当たり議会費の対数 (4)	1人当たり総務費の対数 (5)	1人当たり民生費の対数 (6)
合併ダミー	0.029***	0.371***	0.002	− 0.304***	− 0.098	− 0.017
	(0.007)	(0.111)	(0.017)	(0.080)	(0.244)	(0.074)
人口の対数	− 0.289***	2.537	0.522***	− 0.914***	− 2.552	− 0.027
	(0.057)	(1.821)	(0.122)	(0.281)	(1.903)	(0.534)
人口密度対数	− 0.246***	− 1.841	− 0.074	− 0.017	1.736	− 0.525
	(0.040)	(1.893)	(0.105)	(0.279)	(1.876)	(0.543)
1人当たり課税所得対数	0.600***	− 1.657	0.969***	− 0.037	0.546	0.639**
	(0.112)	(1.213)	(0.229)	(0.048)	(0.381)	(0.256)
65歳以上人口比率	− 0.006***	0.021	0.005	− 0.002	− 0.023***	− 0.011**
	(0.002)	(0.035)	(0.005)	(0.001)	(0.006)	(0.005)
外国人比率	0.000	− 0.197*	− 0.006	0.019**	− 0.045	− 0.005
	(0.003)	(0.102)	(0.020)	(0.009)	(0.035)	(0.019)
年ダミー	Yes	Yes	Yes	Yes	Yes	Yes
観測値数	6698	6698	6698	3348	3348	3348
市町村数	1676	1676	1676	1674	1674	1674
R2	0.380	0.037	0.514	0.831	0.047	0.542

従属変数	1人当たり教育費の対数 (7)	1人当たり人件費の対数 (8)	1人当たり普通建設事業費の対数 (9)	1人当たり債務残高の対数 (10)	1人当たり基金残高の対数 (11)	1人当たり一般行政職員数の対数 (12)
合併ダミー	− 0.024	0.021***	0.030	0.138***	− 0.067***	0.126**
	(0.053)	(0.005)	(0.021)	(0.012)	(0.020)	(0.059)
人口の対数	− 2.474	− 0.240***	− 0.579***	− 0.012	− 1.822***	− 0.214
	(2.070)	(0.060)	(0.142)	(0.129)	(0.160)	(0.262)
人口密度対数	1.455	− 0.298***	− 0.557***	− 0.114	− 0.452***	− 0.407*
	(1.441)	(0.058)	(0.119)	(0.120)	(0.145)	(0.245)
1人当たり課税所得対数	0.167	− 0.030	1.091***	− 0.029	1.131***	− 0.330
	(0.262)	(0.038)	(0.262)	(0.141)	(0.214)	(0.556)
65歳以上人口比率	0.018	− 0.006***	− 0.006	0.017***	− 0.033***	− 0.059***
	(0.013)	(0.001)	(0.007)	(0.005)	(0.005)	(0.017)
外国人比率	0.076	0.009**	0.013	0.004	− 0.006	− 0.031*
	(0.058)	(0.004)	(0.012)	(0.009)	(0.011)	(0.017)
年ダミー	Yes	Yes	Yes	Yes	Yes	Yes
観測値数	3348	6698	6698	6698	6698	6698
市町村数	1674	1676	1676	1676	1676	1676
R2	0.009	0.469	0.222	0.083	0.435	0.026

注)＊は10%, ＊＊は5%, ＊＊＊は1%で有意であることを示す. 括弧内はクラスター頑健標準誤差.

第III部　合併が市町村の行財政運営に及ぼす影響

表5-3　合併の費用削減効果とトレンド効果の推計

従属変数	1人当たり歳出の対数 (1)	1人当たり普通交付税の対数 (2)	1人当たり特定補助金の対数 (3)	1人当たり議会費の対数 (4)	1人当たり総務費の対数 (5)	1人当たり民生費の対数 (6)
合併ダミー	0.077***	1.100***	0.119***	− 0.278***	− 0.067	− 0.007
	(0.007)	(0.157)	(0.017)	(0.080)	(0.245)	(0.075)
合併トレンド	− 0.009***	− 0.140***	− 0.022***	− 0.008***	− 0.010**	− 0.003*
	(0.001)	(0.018)	(0.002)	(0.001)	(0.004)	(0.002)
人口の対数	− 0.284***	2.612	0.534***	− 1.016***	− 2.678	− 0.067
	(0.058)	(1.835)	(0.122)	(0.268)	(1.887)	(0.538)
人口密度対数	− 0.263***	− 2.112	− 0.117	0.068	1.840	− 0.492
	(0.042)	(1.906)	(0.106)	(0.266)	(1.857)	(0.547)
1人当たり課税所得対数	0.610***	− 1.515	0.992***	− 0.024	0.562	0.644**
	(0.112)	(1.205)	(0.230)	(0.050)	(0.386)	(0.257)
65歳以上人口比率	− 0.006***	0.019	0.004	− 0.001	− 0.022***	− 0.010**
	(0.002)	(0.035)	(0.005)	(0.001)	(0.006)	(0.005)
外国人比率	− 0.002	− 0.228**	− 0.011	0.014*	− 0.051	− 0.007
	(0.004)	(0.107)	(0.020)	(0.009)	(0.035)	(0.019)
年ダミー	Yes	Yes	Yes	Yes	Yes	Yes
観測値数	6698	6698	6698	3348	3348	3348
市町村数	1676	1676	1676	1674	1674	1674
R2	0.390	0.045	0.523	0.839	0.050	0.543

従属変数	1人当たり教育費の対数 (7)	1人当たり人件費の対数 (8)	1人当たり普通建設事業費の対数 (9)	1人当たり債務残高の対数 (10)	1人当たり基金残高の対数 (11)	1人当たり一般行政職員数の対数 (12)
合併ダミー	0.016	0.057***	0.169***	0.085***	− 0.201***	0.169***
	(0.057)	(0.005)	(0.025)	(0.009)	(0.024)	(0.056)
合併トレンド	− 0.013*	− 0.007***	− 0.027***	0.010***	0.026***	− 0.008***
	(0.008)	(0.001)	(0.003)	(0.002)	(0.003)	(0.003)
人口の対数	− 2.634	− 0.236***	− 0.565***	− 0.017	− 1.836***	− 0.210
	(2.138)	(0.058)	(0.150)	(0.128)	(0.168)	(0.264)
人口密度対数	1.587	− 0.311***	− 0.609***	− 0.094	− 0.402***	− 0.423*
	(1.486)	(0.056)	(0.129)	(0.119)	(0.153)	(0.243)
1人当たり課税所得対数	0.187	− 0.023	1.118***	− 0.040	1.105***	− 0.321
	(0.264)	(0.038)	(0.263)	(0.141)	(0.211)	(0.555)
65歳以上人口比率	0.019	− 0.006***	− 0.006	0.017***	− 0.033***	− 0.059***
	(0.013)	(0.001)	(0.007)	(0.005)	(0.005)	(0.017)
外国人比率	0.068	0.008*	0.007	0.006	− 0.000	− 0.033*
	(0.056)	(0.004)	(0.013)	(0.009)	(0.011)	(0.017)
年ダミー	Yes	Yes	Yes	Yes	Yes	Yes
観測値数	3348	6698	6698	6698	6698	6698
市町村数	1674	1676	1676	1676	1676	1676
R2	0.010	0.484	0.232	0.092	0.444	0.026

注)＊は10％，＊＊は5％，＊＊＊は1％で有意であることを示す．括弧内はクラスター頑健標準誤差．

という傾向が示されている．このように歳入及び歳入項目については合併後
大幅に増加した後年々減少していくが，そのスピードは遅いことが分かる．
また，累積債務残高や基金残高などストック変数は，これらとは異なる傾向
を示している．

5.5 結論

　本章では，市町村合併が歳出や歳入に及ぼす影響を固定効果パネル推計を
用いて分析した．特に，歳出だけではなく，普通交付税や特定補助金など歳
入項目や議会費，人件費，普通建設事業費など歳出項目，また累積債務残高
などストック変数への影響も考察した．また，合併が費用に及ぼす一律の効
果だけではなく，合併からの経過年数も考慮した合併後トレンドの影響につ
いても分析した．分析期間は2000年から15年までと，長期にわたり，合併
からおよそ10年後の影響まで調べた．

　推計の結果，合併後歳入項目と歳出は基本的に増加することが分かった．
ただし多くの項目で合併から年数を経るごとに減少するが，合併直後には増
加・減少がはっきりしない項目もある．ただ歳入や歳出項目の減少スピード
は遅く，合併前の水準に達するために数年かかる項目が多い．この結果は，
合併の費用削減効果を検証するためには，合併直後だけでなく，トレンドも
考慮した長期的な効果について検証する必要があることを示している．ま
た，合併には規模の経済による費用削減効果が期待されていたが，現実には
必ずしも費用削減効果が認められるものではないこともわかった．

6章　合併と行政サービスの質

6.1　はじめに

　これまで市町村合併に関して，合併の費用削減効果や合併が負債残高に及
ぼす影響，つまりコモンプール問題に関する実証研究，理論モデルに基づい
た合併のインセンティブに関する実証研究などが行われてきた．しかし，合
併は合併市町村における公共サービス水準にも影響を及ぼすと考えられる．
例えば，合併により上下水道料金やゴミ収集の有料化など公共料金等の水準
は当然統一され，それに伴い合併市町村内では変更が生ずるし，合併後市町

第 III 部　合併が市町村の行財政運営に及ぼす影響

村の方針により，公園や公民館などの公共施設の整備状況や小中学校等の教育への支出なども変化することが考えられる．それにも関わらず，これまで合併が公共サービス水準に及ぼす影響に関する研究はほとんど行われてこなかった．本研究では合併が市町村の公共サービス供給に及ぼす影響，つまり公共サービス水準に与える影響を，主に 2000 年から 2015 年までのパネルデータを用いて検証する．

　具体的には，合併が人口当たりコミュニティセンター数，図書館数，人口当たり郵便局数，人口当たり都市公園数，人口当たり病院数，人口当たり保育園，幼年人口に対する待機児童割合，高齢者に対する老人介護施設数，教員あたり小中学校生徒数，学校あたり小中学生数への効果を考察する．推計手法は，第 5 章で用いられたのと同じパネル効果固定効果推計である．年数により調査年が異なることから，必ずしも国勢調査が行われた年のデータを用いるわけではない．公共サービス変数が国勢調査年と異なる場合には，直近の国勢調査のデータを用いて基本的には第 5 章と同じデータの推計を行う．

　なお，合併が公共サービス水準に与える影響を推計した稀な研究として，Reingewertz（2012）がある．この研究では住民あたり流入人口割合，1 人当たり住宅建設数，1 人当たり出生数，大学入試許可割合，平均クラスサイズ，税徴収率などに合併が与える影響を推計し，基本的には合併はこうした公共サービス水準及び公共サービス水準に類似する変数に影響を及ぼさないという結果を得ている．ただし，この研究の目的は合併が費用削減効果をもたらすのかを明らかにすることで，合併の公共サービス供給への影響を分析することではない．

6.2　分析手法

　推計式は基本的に 5 章で用いたパネル固定効果推計式（5-1）と同じである．

$$Y_{it} = \alpha + \delta D_{it} + X_{it}\beta + c_i + year_t + \varepsilon_{it}$$

ただし，本節で用いる従属変数 Y は，千万人当たりコミュニティセンター数，千万人当たり図書館数，千万人当たり郵便局数，千万人当たり都市公園数，

千万人当たり病院数，年少人口千人当たり保育園数，待機児童割合，高齢者千人あたり老人介護施設数，教員あたり小学生生徒数，教員あたり中学生生徒数，学校あたり小学生数，学校あたり中学生数である．サンプル期間は基本的に2005年から2015年だが，変数により調査年が異なるため，用いる従属変数によってサンプル期間及び年は異なってくる．政策変数は5章と同じく，合併後1をとる合併ダミーである．またコントロール変数も同じで，人口の対数，人口密度の対数，1人当たり課税所得の対数65歳以上人口比率，外国人人口比率及び年ダミーである．5章と同様に合併後のトレンド効果についても推計するため，合併後トレンド変数を加えた推計も行う．

なお，データの出典は以下の通りである．公民館数は文部科学省『社会教育関係調査報告』(1999, 2005, 2011)，図書館数は，文部科学省『社会教育関係調査報告』(1999, 2005, 2011, 2015)，郵便局数は郵便局株式会社『業務資料』(2000, 2005, 2010, 2014年)，都市公園数は国土交通省「都市公園整備状況」(2000, 2005, 2011, 2010, 2013年)，一般病院数は厚生労働省「医療施設調査・病院報告」(2000, 2005, 2010, 2014年)，保育所数は厚生労働省「社会福祉施設等調査」(2000, 2005, 2010年)，保育所入所待機児童数は厚生労働省『業務資料』(2001, 2005, 2010, 2014年)，老人福祉施設数は厚生労働省「社会福祉施設等調査」(2003, 2003, 2005, 2010年)，小学校及び中学校児童数と小学校及び中学校数，小学校及び中学校教員数は文部科学省『学校基本調査』(2000, 2005, 2010, 2015年)である．説明変数の出典は，第5章に記載のとおりである．

6.3 データ

表6-1は，合併が公共サービス水準に与える影響に関する推計の記述統計量である．公民館数は合併市町村とそれ以外でほぼ変わりはないが，図書館数は合併市町村において1.5倍となっている．また，郵便局数も合併市町村においてかなり大きい．なお，千万人当たり公園数はどちらもほぼ同じである．病院数及び保育園数についても合併市町村の方が大きいが，特に1万人当たり保育園数は未合併市町村で約3ヵ所のところ，合併市町村では4.2ヵ所となっており，かなり差があることが分かる．年少人口当たり待機児童割

第 III 部　合併が市町村の行財政運営に及ぼす影響

表6-1　記述統計量

	未合併市町村				
	平均	標準偏差	最大値	最小値	観測値数
千万人当たりコミュニティセンター数	0.119225	0.336791	24.21796	0	5033
千万人当たり図書館数	0.020978	0.027551	6.060606	0	5055
千万人当たり郵便局数	0.174545	0.151174	10.92896	0.044717	5073
千万人当たり都市公園数	0.779772	0.507679	5.236433	0	4464
千万人当たり病院数	0.059191	0.03708	0.661266	0	5084
年少人口千人当たり保育園数	2.962069	2.053073	166.6667	0	3958
待機児童割合	0.369618	0.549816	5.813953	0	5082
高齢者千人あたり老人介護施設数	0.203672	0.135979	24.39024	0	5047
教員あたり小学生生徒数	17.60881	3.918425	25.2375	0.285714	5084
教員あたり中学生生徒数	15.10726	3.078132	20.76	0.25	5054
学校あたり小学生数	335.4989	172.8452	1023	2.333333	5084
学校あたり中学生数	362.8593	163.7453	1067	3	5054

	合併市町村				
	平均	標準偏差	最大値	最小値	観測値数
千万人当たりコミュニティセンター数	0.174651	0.278915	5.434783	0	1614
千万人当たり図書館数	0.03147	0.032014	0.504456	0	1614
千万人当たり郵便局数	0.252343	0.164725	3.23363	0.053905	1614
千万人当たり都市公園数	0.74975	0.534529	4.881098	0	1530
千万人当たり病院数	0.067576	0.035375	0.297383	0	1614
年少人口千人当たり保育園数	4.220284	2.497122	30.88803	0	1066
待機児童割合	0.18617	0.387646	5.591054	0	1616
高齢者千人あたり老人介護施設数	0.243221	0.103115	2.270148	0	1645
教員あたり小学生生徒数	15.13219	3.620367	21.80514	2.809524	1614
教員あたり中学生生徒数	13.26299	2.644822	19.45528	1.238095	1614
学校あたり小学生数	256.1076	135.1215	658.5	23.36842	1614
学校あたり中学生数	290.8821	126.2218	667.5	13	1614

注）コミュニケーションセンター，図書館，郵便局，都市公園数，病院数の単位は箇所/千万人．保育園数の単位は箇所/0〜5歳人口（千人）．待機児童数の単位は％で待機児童数/0〜5歳人口で計算．老人介護施設単位は箇所/65歳以上人口（千人）で計算．教員あたり小学生生徒数，教員あたり中学生生徒数の単位は人で，生徒数/教師数で計算．学校あたり小学生数，学校あたり中学生数の単位は人で，生徒数/学校数で計算．

合は，未合併市町村では合併市町村に比べて倍ほどの割合である．教員当たり小学生数，中学生数も，未合併市町村は合併市町村と比べても大きい．また，学校当たり小学生数，中学生数では，未合併市町村では340〜360人であるが，合併市町村では290人であり，合併市町村は学校当たり生徒数が確実に小さいことが分かる．

この結果から，合併により公共サービスの水準があまり変わらない指標もあるが，基本的には公共サービスの水準は高くなると考えられる．合併により公共サービス水準が低下するわけではないので，合併のメリットとも考えられるが，一方で例えば教育では合併後学校数を削減することで効率化が目指されてはいるものの，実際には公共サービス供給の効率化が実現できていないことが分かる．

6.4　推計結果

表6-2は，合併が公共サービス水準に与える影響に関するパネル固定効果推計の結果である．1行目の合併効果変数に関しては，人口当たり公民館数，人口当たり郵便局数が負で有意だが，そのほかの公共サービス変数に関しては特に有意な結果となっていない．したがって，合併は公共サービス水準を減少させる可能性があるが，ほとんどが影響ないと言えるだろう．また，そのほかの変数に関して，人口は公園数以外の変数において負であり，人口規模が大きくなると公共サービスが悪化すると考えられる．人口密度について，教員あたり生徒数や，学校あたり生徒数以外の変数については基本的に負で有意であることから，人口密度が高くなると公共サービス水準が低下することを示している．また，65歳以上人口比率に関しては，図書館数と郵便局数に負の影響を与えるが，公園数，病院数，保育園数には正の影響を及ぼしている．

表6-3は合併の効果だけでなく合併が長期的に公共サービス水準に及ぼす影響を考慮した推計の結果である．1行目にあるように，（10）の教員あたり中学生徒数が負であることを除き，有意水準5％で有意なのは郵便局数だけであるが，符号は負であることから，合併は一時的に公共サービス水準を低下させることが分かった．一方，合併トレンド変数は公民館数，郵便局数，公園数が負で有意であり，また教員あたり小学生数，中学生数が正で有意であることから，長期的には公共サービス水準は低下傾向にあることが分かる．一方，年少人口あたり保育園数は増加傾向にある．このように，合併が様々な公共サービス水準指標に与える影響は負の影響であるか，長期的に見ても，マイナスの効果を与える可能性が高いことが分かった．

第III部　合併が市町村の行財政運営に及ぼす影響

表6-2　合併が公共サービス水準に与える影響の固定効果推計

従属変数	千万人当たりコミュニティセンター数 (1)	千万人当たり図書館数 (2)	千万人当たり郵便局数 (3)	千万人当たり都市公園数 (4)	千万人当たり病院数 (5)	年少人口千人当たり保育園数 (6)
合併ダミー	−0.074***	0.002	−0.018***	−0.007	−0.000	0.217
	(0.025)	(0.003)	(0.006)	(0.012)	(0.001)	(0.134)
人口の対数	−0.294***	−0.100***	−0.427***	0.151**	−0.025***	−1.128
	(0.099)	(0.018)	(0.069)	(0.075)	(0.007)	(1.350)
人口密度対数	−0.134**	−0.024**	−0.213***	0.086	0.004	−3.206***
	(0.056)	(0.011)	(0.060)	(0.062)	(0.003)	(1.020)
1人当たり課税所得対数	−0.038	−0.006	−0.104**	−0.287***	−0.013	−9.437*
	(0.026)	(0.004)	(0.043)	(0.104)	(0.012)	(5.544)
65歳以上人口比率	−0.001	−0.002**	−0.007**	0.004***	0.001***	0.334***
	(0.003)	(0.001)	(0.003)	(0.002)	(0.000)	(0.124)
外国人比率	0.023**	0.003	0.003	−0.010	−0.000	0.079
	(0.011)	(0.003)	(0.003)	(0.008)	(0.001)	(0.096)
年ダミー	Yes	Yes	Yes	Yes	Yes	Yes
観測値数	6647	6669	6687	5994	6698	5024
市町村数	1676	1675	1676	1671	1676	1676
R2	0.010	0.072	0.195	0.227	0.011	0.051

従属変数	待機児童割合 (7)	高齢者千人あたり老人介護施設数 (8)	教員あたり小学生生徒数 (9)	教員あたり中学生生徒数 (10)	学校あたり小学生数 (11)	学校あたり中学生数 (12)
合併ダミー	−0.019	−0.004	0.118	−0.025	−1.966	−4.388
	(0.016)	(0.018)	(0.078)	(0.070)	(2.165)	(2.749)
人口の対数	−0.352	0.152	−1.875***	2.131***	−13.749	−0.181
	(0.503)	(0.245)	(0.485)	(0.410)	(24.732)	(17.115)
人口密度対数	0.870*	−0.486	0.284	0.916***	61.449***	86.555***
	(0.507)	(0.383)	(0.354)	(0.319)	(22.885)	(15.674)
1人当たり課税所得対数	−0.127	0.755	−0.734	−2.507***	38.320**	22.039
	(0.177)	(0.652)	(0.730)	(0.604)	(18.863)	(21.014)
65歳以上人口比率	−0.006	−0.052	0.025	0.057*	0.043	0.726
	(0.004)	(0.047)	(0.043)	(0.029)	(1.042)	(0.911)
外国人比率	0.003	−0.023	−0.030	0.004	0.083	1.643
	(0.017)	(0.019)	(0.094)	(0.043)	(1.633)	(1.478)
年ダミー	Yes	Yes	Yes	Yes	Yes	Yes
観測値数	6698	6692	6698	6668	6698	6668
市町村数	1676	1674	1676	1669	1676	1669
R2	0.019	0.078	0.433	0.554	0.033	0.264

注）＊は10％，＊＊は5％，＊＊＊は1％で有意であることを示す．括弧内はクラスター頑健標準誤差．

6章　合併と行政サービスの質

表6-3　合併と合併トレンドが公共サービス水準に与える影響の固定効果推計

従属変数	千万人当たりコミュニティセンター数 (1)	千万人当たり図書館数 (2)	千万人当たり郵便局数 (3)	千万人当たり都市公園数 (4)	千万人当たり病院数 (5)	年少人口千人当たり保育園数 (6)
合併ダミー	−0.038*	0.003	−0.007**	0.011	−0.001	0.006
	(0.021)	(0.002)	(0.003)	(0.009)	(0.001)	(0.102)
合併トレンド	−0.007***	−0.000	−0.002***	−0.004***	0.000	0.075**
	(0.002)	(0.000)	(0.001)	(0.001)	(0.000)	(0.036)
人口の対数	−0.295***	−0.100***	−0.426***	0.145*	−0.025***	−1.135
	(0.100)	(0.018)	(0.068)	(0.077)	(0.007)	(1.372)
人口密度対数	−0.143**	−0.024**	−0.217***	0.076	0.004	−3.100***
	(0.058)	(0.011)	(0.060)	(0.064)	(0.003)	(1.061)
1人当たり課税所得対数	−0.037	−0.006	−0.101**	−0.283***	−0.014	−9.471*
	(0.026)	(0.004)	(0.043)	(0.104)	(0.012)	(5.545)
65歳以上人口比率	−0.001	−0.002**	−0.007**	0.004**	0.001***	0.339***
	(0.003)	(0.001)	(0.003)	(0.002)	(0.000)	(0.125)
外国人比率	0.022**	0.003	0.003	−0.011	−0.000	0.087
	(0.011)	(0.003)	(0.003)	(0.008)	(0.001)	(0.095)
年ダミー	Yes	Yes	Yes	Yes	Yes	Yes
観測値数	6647	6669	6687	5994	6698	5024
市町村数	1676	1675	1676	1671	1676	1676
R2	0.011	0.072	0.197	0.228	0.011	0.052

従属変数	待機児童割合 (7)	高齢者千人あたり老人介護施設数 (8)	教員あたり小学生生徒数 (9)	教員あたり中学生生徒数 (10)	学校あたり小学生数 (11)	学校あたり中学生数 (12)
合併ダミー	−0.005	0.009*	−0.005	−0.127**	−2.666	−3.321
	(0.018)	(0.005)	(0.062)	(0.062)	(1.680)	(2.236)
合併トレンド	−0.003	−0.003	0.024**	0.020**	0.134	−0.205
	(0.002)	(0.003)	(0.010)	(0.008)	(0.292)	(0.334)
人口の対数	−0.351	0.152	−1.888***	2.122***	−13.821	−0.077
	(0.505)	(0.245)	(0.486)	(0.423)	(24.727)	(17.124)
人口密度対数	0.865*	−0.491	0.330	0.955***	61.709***	86.158***
	(0.509)	(0.389)	(0.358)	(0.335)	(22.941)	(15.729)
1人当たり課税所得対数	−0.124	0.759	−0.758	−2.527***	38.183**	22.241
	(0.177)	(0.657)	(0.729)	(0.606)	(18.909)	(21.043)
65歳以上人口比率	−0.006*	−0.052	0.025	0.057*	0.044	0.723
	(0.004)	(0.047)	(0.042)	(0.029)	(1.041)	(0.914)
外国人比率	0.003	−0.024	−0.025	0.009	0.113	1.598
	(0.017)	(0.020)	(0.096)	(0.043)	(1.647)	(1.479)
年ダミー	Yes	Yes	Yes	Yes	Yes	Yes
観測値数	6698	6692	6698	6668	6698	6668
市町村数	1676	1674	1676	1669	1676	1669
R2	0.019	0.078	0.434	0.554	0.033	0.264

注）* は10％，** は5％，*** は1％で有意であることを示す．括弧内はクラスター頑健標準誤差．

第III部　合併が市町村の行財政運営に及ぼす影響

6.5　結論

　本章では，市町村合併が公共サービス供給に及ぼす影響を，2000年頃から15年ぐらいまでの4期間パネルデータを用いて推計した．分析では，全国市町村を対象としたパネルデータ固定効果推計を行った．推計の結果，合併は，人口当たり公民館数と郵便局数を減少させる可能性があるが，そのほかの公共サービス供給には影響を及ぼさないことが分かった．また，短期的影響と長期的影響を区別した推計を行ったところ，いくつかの公共サービスにおいて短期的にも長期的にも合併は負の影響及ぼす可能性があることが分かった．この結果から，合併によって公共サービス水準が向上することはなく，合併自治体の住民は不便を強いられることとなることが示された．これまで，合併によって住民サービスが低下することが言われてきたが，本研究では同様の傾向が数量的分析によっても明らかとなった。

第 IV 部

合併と地域経済

7章　合併が人口移動に与える影響の実証分析

7.1　はじめに

本章では，市町村合併が地域の人口成長や人口構成に及ぼす影響を分析する．合併の費用削減効果など合併が及ぼす影響について様々な研究が行われてきたが，合併が成長に繋がるのかは合併の成否を判断するうえで重要な点であるにもかかわらず，これまでほとんど研究が行われてこなかった．本研究では，合併が人口や人口構成に及ぼす影響を日本の市町村合併データを用いて推計する．人口だけではなく人口構成や産業別従業者数などのデータを用いて，合併が人口や産業構造に影響を与える要因についても考察する．

この研究の貢献は，第1に合併が市町村の人口や人口構成に及ぼす影響を調べる点である．経済学では地域の人口・経済成長に関する研究が多く蓄積されており，成長は経済学における重大な関心事である．国レベルの GDP の成長（Barro and Sala-i-Martin, 1995 など）だけではなく，都市の経済成長（Glaeser et al., 1995 など）に関する研究も行われてきた．財政分権化が経済成長に及ぼす影響を国単位や地方政府レベルで見た研究も多く蓄積されている．にもかかわらず，経済学的な視点からの合併と人口成長の関係性に関する研究はこれまでない．第2に，合併と人口及び人口構成の関係性を詳細に分析し，人口や産業構造の変動要因を明らかにする点である．本研究では，人口だけではなく年齢別人口や産業別従業者数などの変数も用いて，勤労世代が合併後に転出しているのか，どの産業の従業者数が変化しているのかなどを明らかにすることで，雇用の変化とそれに伴う人口変動など詳細な分析を行う．

また，合併と人口に関する研究もいくつか行われているが，これらの研究

83

第IV部 合併と地域経済

では合併市町村内の中心地と周辺部における合併の影響に関心が置かれている。合併後、中心部への距離が遠くなる、中心部に投資が集中する、庁舎や建設事業の縮小により周辺部において職場が失われるために、合併により周辺部の衰退が進んでいるという指摘がある（川瀬，2014；畠山，2013；Suzuki and Sakuwa, 2017）。本研究では直接中心部と周辺部の違いを分析するわけではないが、合併が人口構成や従業に及ぼす影響を見ることで間接的に合併市町村内で人口構成等がどのように変化しているのかを見ることができるであろう。

7.2 分析手法とデータ

推計で用いる分析手法はこれまでと同じくパネルデータ固定効果推計である。推計式は5章と同じく以下のようになる。

$$Y_{it} = \alpha + \delta D_{it} + X_{it}\beta + c_i + year_t + \varepsilon_{it}$$

コントロール変数X及び政策変数Dは、これまでの分析と基本的には同じである。ただし、従属変数が人口であるため、人口と平均課税所得は説明変数から除いている。なお、15歳未満人口、15〜64歳人口、65歳以上人口、純流入人口を従属変数として用いた場合には、65歳以上人口は説明変数から除く。合併が人口や人口構成、及び従業構造、従業者割合に及ぼす影響を調べるため、従属変数として人口の対数、15歳未満人口の対数、15〜64歳人口の対数、65歳以上人口の対数、純流入人口の対数、1人当たり課税所得の対数、失業率、第2次産業従事者割合、第3次産業従事者割合を用いる。

なお、変数の出典であるが、15歳未満人口、15〜64歳人口、65歳以上人口、純流入人口（＝流入人口－流出人口）、失業率（＝失業者数／労働力人口）、第2次産業従事者割合、第3次産業従事者割合の出典は全て『国勢調査』である。なお、第2次産業従事者割合と第3次産業従事者割合の計算に用いられる、第2次産業従事者及び第3次産業従事者数の出典は総務省『経済センサス基礎調査』（2001, 2006, 2009, 2014年）である。

84

7.3 データ

表7-1は，推計で用いた変数の記述統計量である．合併市町村の方が人口は当然大きくなるが，15歳未満人口，15～65歳人口，65歳以上人口全てにおいて合併市町村の方が平均的に大きい．だが，未合併市町村と合併市町村の差を比べると，15歳未満人口，15～64歳人口では30%ほど合併市町村の方が上回っているが，65歳以上人口では67%程度上回っており，合併市町村における65歳以上人口の割合の高さがうかがえる．純流入人口は合併市町村と未合併市町村双方において負であるが，合併市町村は6倍以上大きくなっており，人口規模の差と比べてかなり流出人口が大きいと考えられる．

表7-1 記述統計量

	未合併市町村				
	平均	標準偏差	最大値	最小値	観測値数
人口の対数	59884.25	183232	3647934	165	5084
15歳未満人口の対数	8335.315	24529	486262	0	5084
15～64歳人口の対数	39387.71	125748.5	2463151	0	5084
65歳以上人口の対数	12310.79	36764.49	865490	0	5084
純流入人口の対数	−23.398	801.891	31488	−11516	5083
1人当たり課税所得の対数	2773.799	1450.047	6087.298	1.983884	5079
失業率	5.406095	1.704391	22.71845	0	5079
第2次産業従事者割合	24.52529	10.61092	90.64327	0	5074
第3次産業従事者割合	75.02954	10.8213	100	9.356725	5074
	合併市町村				
	平均	標準偏差	最大値	最小値	観測値数
人口の対数	82188.8	134401.7	1392746	1178	1614
15歳未満人口の対数	10897.3	18429.57	177315	90	1614
15～64歳人口の対数	50301.54	87698.3	990446	476	1614
65歳以上人口の対数	20544.4	30403.08	381132	550	1614
純流入人口の対数	−145.001	397.1535	4719	−4352	1614
1人当たり課税所得の対数	2026.06	1456.682	4436.548	2.133089	1614
失業率	5.372481	1.562747	20.28646	1.084991	1614
第2次産業従事者割合	26.06988	9.292509	63.41581	9.436677	1621
第3次産業従事者割合	73.05622	9.464669	90.42816	35.60799	1621

注）人口の対数，15歳未満人口の対数，65歳以上人口の対数，純流入人口の対数の単位は人．1人あたり課税所得の対数の単位は千円/人．失業率，第2次産業従事者割合，第3次産業従事者割合の単位は%．

第Ⅳ部　合併と地域経済

　経済面では，合併市町村の方が1人当たり課税所得が低いが，失業率では若干未合併市町村より小さい．産業別従業者割合については，合併市町村は第2次産業従事者割合が高く，第3次産業従事者割合が低いことから，合併市町村では製造業等に従事する人の割合が高いと考えられる．

　このように，基本統計量からは，合併市町村は規模が大きいが，高齢化が進んでおり，人口の流出の程度も大きい．産業別には製造業等に従事する割合が高くなっている．

7.4　推計結果

　表7-2は，合併が人口及び人口構成に与える影響に関するパネルデータ固定効果推計の結果である．合併の効果であるが，合併は15〜64歳人口を2%増加させるものの，65歳以上人口を2%減少させることが示されている．一方経済的な影響に関して，1人当たり課税所得には影響を及ぼさないものの，1人当たり失業率を0.1%ほど増加させる．また，第2次及び第3次産業従事者割合には影響を及ぼさない．このことから，合併は人口総数及び流入人口には影響を及ぼさないが，15〜64歳の壮年人口を増加させる一方で65歳以上人口を減少させる．そのため，総人口は変わらないが，人口構成の若返りをもたらす可能性があることが示された．経済的影響については，若干失業率に正の影響を及ぼすようである．

　そのほかの変数に関して，人口密度が高い都市部では人口及び全ての年齢階層別人口が多い一方，流入人口には影響を与えない．また，人口密度が高いと所得水準が大きく，失業率が低いことから，人口密度が高い地域は経済的に裕福であると考えられる．また，人口密度の高い都市部では第2次及び第3次産業比率が高い．外国人比率に関しても，所得水準が高く，失業率が低い経済的に恵まれている地域ほど高い傾向にある．

　表7-3は，合併が人口及び人口構成に与える影響，特に短期だけではなく長期的な影響に関する分析の結果である．第1行目にあるように，短期的には，合併は65歳以上人口を減少させるが，他の変数には影響を及ぼさない．一方，長期的には，合併後1年ごとに15歳未満人口及び，15〜64歳人口が0.5%ずつ増加することが示されている．しかし，人口と流入人口には長期

7章　合併が人口移動に与える影響の実証分析

表7-2　合併が人口・人口構成に与える影響の固定効果推計

従属変数	人口の対数 (1)	15歳未満人口の対数 (2)	15〜64歳人口の対数 (3)	65歳以上人口の対数 (4)	純流入人口の対数 (5)
合併ダミー	−0.002	0.015	0.021**	−0.021**	−0.063
	(0.005)	(0.009)	(0.008)	(0.009)	(0.199)
人口密度の対数	0.805***	1.535***	0.949***	1.230***	0.859
	(0.090)	(0.134)	(0.102)	(0.127)	(0.706)
65歳以上人口比率	−0.002				
	(0.001)				
外国人比率	−0.001	0.026*	0.044***	0.024	−0.081
	(0.001)	(0.015)	(0.014)	(0.015)	(0.126)
年ダミー	Yes	Yes	Yes	Yes	Yes
観測値数	6698	6698	6698	6698	1715
市町村数	1676	1676	1676	1676	846
R2	0.817	0.397	0.221	0.261	0.020

従属変数	1人当たり課税所得の対数 (6)	失業率 (7)	第2次産業従事者割合 (8)	第3次産業従事者割合 (9)
合併ダミー	−0.001	0.105**	0.143	0.057
	(0.003)	(0.043)	(0.164)	(0.167)
人口密度の対数	0.111***	−1.716***	2.852***	2.070**
	(0.022)	(0.239)	(1.025)	(1.007)
65歳以上人口比率	−0.006**	0.012	−0.030	0.078
	(0.002)	(0.012)	(0.125)	(0.132)
外国人比率	0.014***	−0.052**	0.498***	−0.698***
	(0.004)	(0.022)	(0.168)	(0.170)
年ダミー	Yes	Yes	Yes	Yes
観測値数	6698	6693	6695	6695
市町村数	1676	1676	1676	1676
R2	0.565	0.635	0.500	0.391

注）* は10％，** は5％，*** は1％で有意であることを示す．括弧内はクラスター頑健標準誤差．

的な変化は見られない．

　経済面では，合併は長期的に失業率を年0.02％減少させることが示されている．一方，合併は第2次・第3次従業者比率に短期的にも長期的にも影響を及ぼさない．人口密度，65歳以上人口比率，外国人比率の影響については，基本的にトレンドを考慮しない推計と同じ結果が得られている．

第 IV 部　合併と地域経済

表7-3　合併が人口・人口構成に与える影響の固定効果推計，トレンド効果も考慮した推計

従属変数	人口の対数 (1)	15歳未満 人口の対数 (2)	15～64歳 人口の対数 (3)	65歳以上 人口の対数 (4)	純流入 人口の対数 (5)
合併ダミー	− 0.003	− 0.012	− 0.008	− 0.030***	− 0.055
	(0.005)	(0.008)	(0.006)	(0.007)	(0.209)
合併トレンド	0.000	0.005***	0.005***	0.002	− 0.002
	(0.000)	(0.002)	(0.002)	(0.002)	(0.020)
人口密度の対数	0.805***	1.542***	0.956***	1.233***	0.859
	(0.090)	(0.136)	(0.104)	(0.128)	(0.706)
65歳以上人口比率	− 0.002				
	(0.001)				
外国人比率	− 0.001	0.027*	0.045***	0.024	− 0.081
	(0.001)	(0.016)	(0.015)	(0.015)	(0.127)
年ダミー	Yes	Yes	Yes	Yes	Yes
観測値数	6698	6698	6698	6698	1715
市町村数	1676	1676	1676	1676	846
R2	0.817	0.398	0.222	0.261	0.019

従属変数	1人当たり 課税所得の対数 (6)	失業率 (7)	第2次産業従 事者割合 (8)	第3次産業従 事者割合 (9)
合併ダミー	0.000	0.016	0.132	0.071
	(0.004)	(0.055)	(0.136)	(0.138)
合併トレンド	− 0.000	0.017***	0.002	− 0.003
	(0.000)	(0.006)	(0.024)	(0.025)
人口密度の対数	0.110***	− 1.690***	2.854***	2.066**
	(0.022)	(0.239)	(1.035)	(1.019)
65歳以上人口比率	− 0.006**	0.013	− 0.030	0.078
	(0.002)	(0.012)	(0.125)	(0.132)
外国人比率	0.014***	− 0.048**	0.498***	− 0.698***
	(0.004)	(0.023)	(0.169)	(0.171)
年ダミー	Yes	Yes	Yes	Yes
観測値数	6698	6693	6695	6695
市町村数	1676	1676	1676	1676
R2	0.565	0.635	0.500	0.391

注) *は10%，**は5%，***は1%で有意であることを示す．括弧内はクラスター頑健標準誤差．

　この結果から，合併は15歳未満人口及び15～64歳人口を長期的に増加させる影響がある一方で，65歳以上人口を減少させるものの，それは短期的

な影響に過ぎないという結果が得られた．また，合併は人口及び流入人口に，短期的にも長期的も影響を及ぼさない．経済面では，失業率を長期的に増加させることが分かった．

7.5 結論

合併が人口，年齢階層別人口，経済状況や産業構造に影響を与えるのかを分析した結果，人口や流入人口に与える影響は観察されなかったが，年齢階層別には異なる影響を及ぼし得ることが分かった．また，経済状況に関しても，失業率を長期的に高める可能性があることが分かった．一方，従業者数でみた長期的及び短期的な産業構造への影響は見られなかった．

なお，この研究では合併市町村内部でも，中心地と周辺部では合併の影響が異なりうることが考慮できていない．今後，合併市町村内部でも中心地では繁栄し，周辺部が衰退するという影響についても詳細なデータを入手し，分析するとより詳しい合併の影響が分かるだろう。

参考文献

伊藤敏安（2016）「市町村合併の前後における議員定数と議員報酬の変化」『地域経済研究』第27号，3-26.

川瀬憲子（2014）「シンポジウムⅡ　平成大合併の検証」『原子力災害と地方自治体の財政運営（日本地方財政学会研究叢書第22号）』187-190.

市町村の合併に関する研究会（2006）『市町村による公開について』

市町村の合併に関する研究会（2008）『「平成の合併」の評価・検証・分析』

道州制と町村に関する研究会・全国町村会（2008）『「平成の合併」をめぐる実態と評価』

日本政策投資銀行（2013）『合併市町村が直面する財政上の課題―失われる交付税9千億円，迫りくる公共施設老朽化―』

畠山輝雄（2013）「合併後の市町村における周辺部の過疎化の検証」『地理誌叢』第54巻第2号，16-25.

広田啓朗・湯之上英雄（2011）「平成の大合併による市町村議会費への影響」『日本地方財政の理論的進展と地方消費税』第18号，62-84.

広田啓朗・湯之上英雄（2013）「平成の大合併と歳出削減―規模の経済性と合併後の経過年数に関するパネルデータ分析」『地域学研究』第43巻，325-340.

宮崎毅（2006）「市町村合併の歳出削減効果―合併トレンド変数による検出」『財政研究』第2巻，145-160.

山下耕治（2015）「市町村合併の歳出効果―合併方式，合併規模，合併時期の影響―」『公共選択』第63号，122-135.

Alesina, A., Spolaore, E.,（1997）On the Size and Number of Nations, *Quarterly Journal of Economics*, 112, 1027-1056.

Alesina, A. and E. Spolaore,（2003）*The Size of Nations*. MIT Press, Cambridge.

Allers, M. and J. Geertsema（2016）"The Effects of Local Government Amalgamation on Pubic Spending, Taxation, and Service Levels: Evidence from 15 Years of Municipal Consolidation," *Journal of Regional Science*, 56(4), 659-682.

Austin, D. A.,（1999）Politics vs. Economics: Evidence from Municipal Annexation, *Journal of Urban Economics*, 45, 501-532.

Barro R. J. and X. Sala-i-Martin,（1995）*Economic Growth*. McGraw-Hill, New York, NY.

Blume, L. and T. Blume,（2007）"The Economic Effects of Local Authority Mergers: Empirical Evidence for German City Regions," *Annals of Regional Science*, 41, 689-713.

Blesse, S. and T. Baskaran,（2016）"Do Municipal Mergers Reduce Costs? Evidence from a German Federal State," *Regional Science and Urban Economics*, 59, 54-74.

Bolton, P., Roland, G.,（1997）"The Breakup of Nations: A political Economy Analysis,"

Quarterly Journal of Economics, 112, 1057–1089.

Brasington, D., （1999）"Joint Provision of Public Goods: The Consolidation of School Districts," *Journal of Public Economics*, 73, 373–393.

Brasington, D., （2003a）"Size and School District Consolidation: Do Opposites Attract?" *Economica*, 70, 673–690.

Brasington, D., （2003b）"Snobbery, Racism, or Mutual Distaste: What promotes and hinders cooperation in local public good provision?" *Review of Economics and Statistics*, 85, 874–883.

Brink, A., （2004）"The Breakup of Municipalities: Voting Behavior in Local Referenda," *Economics of Governance*, 5, 119–135.

Duncombe, W. and J. Yinger, （2001）"Does School District Consolidation Cut Costs," *Education Finance and Policy*, 2（4）, 341–375.

Dur, R., Staal, K., （2008）"Local public good provision, municipal consolidation, and national transfers," *Regional Science and Urban Economics*, 38, 160–173.

Edwards, M. M. and Y. Xiao, （2009）"Annexation, Local Government Spending, and the Complicating Role of Density," *Urban Affairs Review*, 45（2）, 147–165.

Ellingsen, T., （1998）"Externalities vs. Internalities: A model of Political Integration," *Journal of Public Economics*, 68, 251–268.

Ferris, J., Graddy, E., （1988）"Production Choices for Local Government Services," *Journal of Urban Affairs*, 10, 273–289.

Glaeser, E., J. Scheinkman, A. Shleifer, （1995）"Economic Growth in a Cross-Section of Cities," *Journal of Monetary Economics*, 36, 117–143.

Gordon, N., Knight, B., （2009）"A spatial merger Estimator with an Application to School District Consolidation," *Journal of Public Economics*, 93, 752–765.

Hanes, N., （2015）"Amalgamation Impacts on Local Public Expenditures in Sweden," *Local Government Studies*, 41（1）, 63–77.

Liner, G. H., （1992）"Annexation Impact on Municipal Efficiency," *Review of Regional Studies*, 22, 75–87.

Lockwood, B., （2002）"Distributive politics and the costs of centralization," *Review of Economic Studies*, 69, 313–337.

Mehay, S. L., （1981）"The Expenditure Effects of Municipal Annexation," *Public Choice*, 36, 53–62.

Miyazaki, T., （2014）"Municipal Consolidation and Local Government Behavior: Evidence from Japanese Voting Data on Merger Referenda," *Economics of Governance*, 15, 387–410.

Miyazaki, T., （2017）"Examining the Relationship between Municipal Consolidation and Cost Reduction: An Instrumental Variable Approach," *Applied Economics*, 1108–1121.

Moisio, A. and Roope Uusitalo, (2013) "The Impact of Municipal Mergers on Local Public Expenditures in Finland," *Public Finance and Management*, 13(3), 148–166.

Reingewertz, Y., (2012) "Do Municipal Amalgamations Work? Evidence from Municipalities in Israel," *Journal of Urban Economics*, 72, 240–251.

Suzuki, K. and K. Sakuwa, (2017) "Impact of Municipal Mergers on Local Population Growth: An Assessment of the Merger of Japanese Municipalities," *Asia Pacific Journal of Public Administration*, 38(4), 223–238.

著者紹介

宮崎　毅

1998 年　上智大学経済学部卒業
2006 年　一橋大学大学院経済学研究科博士課程
　　　　単位取得退学
2007 年　経済学博士（一橋大学）
現在　　九州大学大学院経済学研究院准教授
　　　　元・三菱経済研究所研究員

平成の大合併の経済評価
―合併の背景、動機、長期的影響―

2019 年 12 月 13 日　発行

定価　本体 1,500 円＋税

著　　者　　宮　崎　　毅

発 行 所　　公益財団法人　三菱経済研究所
　　　　　　東 京 都 文 京 区 湯 島 4‑10‑14
　　　　　　〒113‑0034 電話 (03)5802‑8670

印 刷 所　　株 式 会 社　国 際 文 献 社
　　　　　　東 京 都 新 宿 区 山 吹 町 332‑6
　　　　　　〒162‑0801 電話 (03)6824‑9362

ISBN 978‑4‑943852‑72‑8